Zorglub
suivi de Les Girafes

Du même auteur

C'est beau une ville la nuit, Denoël, 1988 ; Folio, 1989

Le Bord intime des rivières, Denoël, 1994 ; Folio, 1995

C'est beau une ville la nuit suivi de *Le Bord intime des rivières*, Denoël, 2001

L'ultime conviction du désir, Flammarion, 2005, J'ai Lu, 2006

Carnet du Sénégal, Flammarion, 2007

Bouts Lambeaux, Flammarion, 2008

Richard Bohringer

Zorglub
suivi de Les Girafes

Théâtre

Flammarion

ISBN : 978-2-0812-2542-8

Deux pièces de jeunesse. Deux petits bouts lambeaux de théâtre. Peut-être. J'ai écrit Les Girafes *à New York, affamé d'amour, assoiffé de femme, affamé tout court. Je vivais sur la 47*[e] *Rue. Entre Bill et Carole, cinéastes indépendants et généreux. Je voulais l'amour unique, des milliers de caresses, des nuits entières d'étonnement devant le corps féminin. Je voulais le rire des filles rien que pour moi. Elles m'intimidaient pourtant.*

Je voulais New York, le monde, l'espace.

Je me disais : parcours le monde, inscris les traces de ta survivance. Sois toi.

Je savais déjà la longue route balafrée. J'aimais la lumière lunaire. Volontaire, je confondais Central Park et la colline du loup solitaire. J'étais qu'un jeune clébard. J'avais décroché de la came.

Déjà. Encore une fois. Pour écrire, juste pour écrire Les Girafes.

Un jeune acteur aime la pièce : Jacques Portet. Il monte un groupe de jeunes acteurs, actrices. Un jeune metteur en scène, Philippe Rouleau, décide de la mettre en scène ; un jeune cinéaste, Claude Lelouch, de la produire. Nous avons passé trois mois formidables. Toutes les nuits, ensemble jusqu'au petit jour, fraternellement alcoolisés, follement alcoolisés. Follement fraternels.

Ce ne fut pas un grand succès, mais quelques-uns s'y retrouvaient. C'était bien suffisant.

Zorglub *fut l'occasion de rencontrer un grand acteur : Serge Sauvion. J'avais écrit* Zorglub *en pensant à Richard Burton qui m'avait ébloui dans* L'Espion qui venait du froid. *J'aimais sa gueule défaite, je rêvais d'avoir la même. Ce fut Serge Sauvion, un acteur au souffle incroyable. Il brûlait sur scène. Une voix d'enfer. Il bougeait bien. Un vrai de vrai. Un régal. J'ai mis* Zorglub *en scène, aidé des acteurs et de Roger Dumas, un ami de toujours. Un tout petit théâtre rue Saint-Benoît dans le VI*[e] *arrondissement. Paris. En face d'une des plus grandes boîtes de jazz du monde : le club Saint-Germain. Dans une rue où toutes les jeunesses venaient se brûler les ailes. J'ai été aidé dans cette aventure par Maurice Casanova, un mécène, un ami. J'avais vingt ans, j'étais manchard. Scandaleux. Je lisais les poètes, Jack London, Scott Fitzgerald, Antoine Blondin, Albert Cossery. Je voulais écrire sur l'amour. Zorglub, c'est Simon, l'homme qui vit depuis vingt ans planqué dans un square. À ne pas vouloir le quitter, à s'accrocher à ce putain de banc vide ! Vingt ans auparavant il avait rendez-vous avec une jeune fille qu'il aimait.*

Depuis vingt ans, il attend la femme. Depuis vingt ans, il n'ose sortir de ce square de peur qu'elle ne vienne. Celle qui fera taire son chagrin.

Aujourd'hui un jeune homme est là, à la même place que lui vingt ans plus tôt. Il a un bouquet de fleurs à la main, Simon émerge du feuillage.

R.B., 5 octobre 1995

Zorglub

À la blonde

Cette pièce a été créée en juin 1966
au théâtre Saint-Germain-des-Prés.

Personnages

SIMON
STÉPHANE
LE JEUNE HOMME
LA JEUNE FILLE
LE NOIR
HUGUETTE

Dans un square par un jour de printemps, un homme d'une trentaine d'années est assis sur un banc. Il tient des violettes à la main. Il s'appelle Stéphane et a rendez-vous avec la femme qu'il aime…

Arrive Simon.

SIMON, *en regardant Stéphane et les fleurs qu'il tient à la main.*

Ah ! pauv'pom' ! ! ! ! *(Stéphane détourne la tête et fait semblant de ne pas avoir entendu.)* Oh, tu peux faire semblant de pas m'entendre… Tu m'auras pas…

Qu'est-ce que tu crois ! Depuis que j'fréquente les squares, j'sais c'que j'dis ! T'es qu'une pauv'pom ! *(Il le regarde méchamment et sournoisement.)* Tu vas peut-être me dire que t'as pas rendez-vous ? Ah ! Ah ! *(Il éclate de rire.)* Eh bien, planque tes fleurs, alors… *(Il rit plus fort. Stéphane, instinctivement, cache ses fleurs derrière son dos. Un temps. Mouvement d'humeur de Stéphane.)* … t'avais pas à avoir rendez-vous dans mon square. *(Il hurle.)* C'est mon square ! ! ! *(Un temps, puis, plus bas.)* C'est vrai, tu pouvais pas le savoir qu'c'était mon square. *(Un temps.)* De toute façon, les squares, c'est des sales endroits… *(Stéphane ne bouge toujours pas, ce qui rend Simon encore plus agressif.)* Oh, et puis, dis donc, j'sais pas ce qui te permet de crâner comme ça, mais j'ai certainement rien à t'envier : t'es qu'un minable…

Stéphane, brusquement, bondit.

STÉPHANE

Pourquoi dites-vous ça ?

SIMON

Pourquoi j'dis ça… Non mais, t'as vu ta tête ?…

STÉPHANE, *timidement.*

Ça se voit à ma tête ?

SIMON

Crois-moi, y a pas besoin de t'regarder en gros plan. T'as la tête d'un type qu'a tout raté… ou… plutôt… celle d'un type qu'a rien tenté.

Toute façon, c'est pareil…

STÉPHANE, *tristement.*

Ah… bon…

Un grand temps.

SIMON. *Il hurle.*

J'm'appelle Simon et j'veux parler à quelqu'un ! ! ! ! ! ! ! *(Le hurlement de Simon fait sursauter Stéphane. Conciliant.)* T'as qu'à me parler et j'crierai plus…

STÉPHANE

On se connaît pas…

SIMON

J'te dis que j'm'appelle Simon. *(Joyeusement.)* Ça y est, on se connaît ! Et toi, comment tu t'appelles ?

STÉPHANE, *timidement.*

Stéphane…

SIMON

Stéphane ? Y a des gars, plus y sont sapés comme des minables, plus y z'ont des noms de riches… Oh, te fâche pas ! De toute façon, regarde-moi, j'suis clodo, et toi, t'en es pas un. Ben, c'est pas c'qui nous empêche de nous retrouver sur le même banc, dans le même square… *(Un temps. Stéphane hausse les épaules et regarde sa montre.)* Mais… bien sûr… qu'elle est en retard. Elle sera toujours en retard. T'as pas vu la tête que t'as ? Bon, décidément, plus j'te regarde, plus j'me demande quelle tête elle doit avoir pour se trimbaler ta tronche ! ! ! !

STÉPHANE

Si c'est pour être désagréable…

SIMON

T'appelle ça être désagréable que te rappeler qu'y en a quand même une qu'a bien voulu de ta pomme ! D'abord, comment elle s'appelle ta Douce ?

STÉPHANE, *mentant.*

Monique…

SIMON, *hurlant.*

C'est pas vrai ! ! !

STÉPHANE, *sidéré de voir son mensonge découvert.*

Comment… vous savez… ?

SIMON

Comment j'sais ? Parce qu'on m'a fait déjà ce coup-là dans un autre square… Alors… Comment elle s'appelle ? Pauv'pom' !

STÉPHANE, *vaincu.*

Huguette.

SIMON

Ouais… *(Un temps.)* C'est pas terrible comme prénom…

STÉPHANE, *timidement.*

Moi… j'aime bien…

SIMON

Ouais… mais toi, bien sûr, t'es amoureux comme un fou d'Huguette ?

STÉPHANE, *avec pudeur.*

Ben… oui…

SIMON

Enceinte ?

STÉPHANE, *choqué.*

Vous êtes fou ! ! !

SIMON

Quoi… Ça arrive ! *(Un temps.)* … Elle a beaucoup de retard ?

STÉPHANE

Presque une heure…

SIMON

Oh… ben… elle est encore en avance…

STÉPHANE, *pas convaincu.*

Vous croyez ?

SIMON

Si j'crois ? Mais… j'en suis sûr. Regarde, moi, tu m'croiras si tu veux, tu sais pourquoi j'suis dans cet état ?

STÉPHANE

Non…

SIMON

Figure-toi que, lorsque j'avais vingt ans, j'étais amoureux comme toi. Ma Douce me donne rendez-vous, j'arrive tout fringant, tout heureux, avec une heure d'avance. Eh ben… j'attends toujours… Et, si j'suis sale comme ça, c'est parce que ce rendez-vous c'était y a très exactement dix-huit ans aujourd'hui. Depuis ce fameux jour, j'ai jamais osé rentrer chez moi de peur que, pendant mon absence, elle arrive au rendez-vous. *(Un temps.)* Tu me diras, comme ça, j'peux être sûr qu'elle est pas venue… Tu vois, c'est pas ton cas, toi, ça fait qu'une heure que t'attends…

STÉPHANE

Et vous ne l'avez jamais revue ?

SIMON, *songeur.*

Qui ça ?

STÉPHANE

Ben, cette fille…

SIMON

Quelle fille ?

STÉPHANE

La fille de votre histoire…

SIMON. *Il éclate d'un rire bruyant et forcé.*

Ah ! ! ! parce que tu y as cru, à mon histoire ? Décidément, t'es sympathique…

Quand j'm'ennuie, j'raconte toujours cette histoire. Mais ça m'fait plaisir que tu y aies cru.

STÉPHANE

Moi aussi, c'est drôle…

SIMON

Tu trouves ça drôle ? Eh ben, c'est pas drôle du tout ! Ça prouve que, sur deux mecs dans un square, y en a deux qui s'emmerdent… *(Stéphane regarde sa montre.)* Regarde pas ta montre où j'te la casse ! Et… tu vas me faire le plaisir de jeter ces violettes…

STÉPHANE

Il n'y a pas de raison…

SIMON

Y a pas de raison ? Mais tu sais très bien qu'elles aiment pas les fleurs ! Elles ont jamais aimé les fleurs ! Y a qu'en petites bouteilles qu'elles les supportent les fleurs !

STÉPHANE, *tristement.*

Oh ! Je sais bien…

SIMON

Alors, pourquoi tu lui en apportes ?

STÉPHANE

Parce que j'me dis qu'en lui en apportant tous les jours, elle finira bien par les aimer…

SIMON

Jamais ! Demande à une femme comment c'est fait une violette ? Elle sera incapable de t'le dire ! Ou elle s'assoit dessus parce qu'elle est saoule, ou elle les oublie au vestiaire du théâtre parce qu'elle a peur de paraître ridicule. Mais jamais elle ne posera son bouquet de violettes sur son oreiller. Tu parles ! Sans ça, ma Douce, elle serait venue à mon rendez-vous parce que qu'est-ce que j'ai pu lui en offrir, de violettes. Si elle avait dû poser sur son oreiller toutes celles que j'lui ai données, y aurait pu fleurir le lit en entier. Elle se serait souvenue qu'elle avait rendez-vous avec moi et elle aurait pu faire l'amour tous les jours dans un champ de fleurs…

STÉPHANE

Ah ! Vous voyez bien que la fille dont vous parliez existe vraiment…

SIMON

Tu crois qu'c'est la vie qui m'a rendu comme ça ? Bien sûr qu'elle existe, la fille, mais sans visage et sans nom. C'est bien ça, le malheur, c'est qu'elle existe !

STÉPHANE

Mais, lorsque vous aviez vingt ans, vous pensiez la même chose ?

SIMON

Quel âge tu crois que j'aie ?

STÉPHANE

Je ne sais pas…

SIMON

Quarante-huit ans… *(Il hurle).* Dont… dix-huit ans de square ! ! ! ! J'suis crevé, j'en peux plus ! Dix-huit ans que j'supporte les cris des enfants ! Dix-huit ans que j'guette les trébuchements des vieillards. J'en peux plus ! *(Doucement.)* J'suis au bout, mon pote ! ! ! *(Comme s'il s'apercevait seulement de la présence de Stéphane.)* J'me laisse aller… et toi… t'es là, à m'écouter. Tu te régales. Dans ta vie de minable, t'as jamais osé te laisser aller. T'avais trop peur. *(Un temps.)* D'ailleurs, t'as toujours peur. Mais t'as jamais rien fait pour ça… Chez toi, c'est naturel… *(Il hurle.)* T'as peur ! ! ! *(Grand silence, puis :)* … Moi aussi, j'ai peur ! J'ai peur du soleil, j'ai peur de la nuit, parce que le soleil ça me laisse vide et que la nuit, j'ai l'impression que c'est l'histoire que les cons racontent aux enfants pour leur faire peur qui continue…

STÉPHANE

Mais vous n'êtes plus un enfant…

SIMON, *désabusé.*

Va savoir…

SIMON

Si je peux vous aider…

SIMON

Toi ?… T'es qu'une pauv'pom'… *(Brusquement.)* Et… qui a dit que j'avais besoin qu'on m'aide ? Ça t'arrangerait, hein ? que j'aie besoin d'aide… Tu te sentirais un peu moins seul dans ta merde. Figure-toi que j'ai pas du tout envie de te suivre. Tu crèveras tout seul.

STÉPHANE

Tout le monde crève seul…

SIMON

Justement non. Figure-toi qu'y a des crétins qui ont trouvé un moyen : la Foi ! Tu parles !

STÉPHANE

Je suis bien d'accord…

SIMON

T'es bien d'accord ! Tu parles ! J'suis bien sûr que tu fais partie de ceux qui cracheront toute leur vie dessus et qui se cacheront pour pouvoir implorer grâce sans témoin…

STÉPHANE

Vous me prenez vraiment pour un minable…

SIMON, *méchamment.*

Bien sûr. Qu'est-ce que t'as fait dans ta vie ?

STÉPHANE, *sans honte.*

Rien…

SIMON

Alors de quoi te plains-tu ?

STÉPHANE, *sidéré par la mauvaise foi de Simon.*

Mais… C'est vous qui depuis une heure…

SIMON, *grand seigneur.*

C'est rien… N'en parlons plus. Dis-moi… ta Douce… Elle tarde…

STÉPHANE

Elle est toujours en retard.

SIMON

Et tu continues à attendre ?

STÉPHANE

C'est vous qui me le reprochez ?

SIMON

Non, bien sûr. Mais, pendant ce temps-là, t'es bien certain qu'il ne se passe rien ailleurs qui serait bon que tu voies.

STÉPHANE

J'en sais rien. De toute façon, j'ai pas le choix.

SIMON

T'as pas le choix ?

STÉPHANE

C'est la seule aventure que j'avais envie de vivre…

SIMON

Alors, t'as jamais bougé de chez toi ?

STÉPHANE

Vous n'avez jamais bougé de votre square ! !

SIMON

Oui mais, dans un square, si tu savais le nombre de gens de toutes couleurs, de tous vices, qui défilent… Un square, c'est comme un grand bateau à quai, ça a plein d'histoires à raconter… sans bouger de chez toi, tu peux dire que tu aimes ?

STÉPHANE

L'amour, c'est une chose simple…

SIMON

Simple ? C'est à moi que tu dis ça ! Alors que ça fait vingt-huit ans que j'cherche à comprendre. Tu sais, j'suis pourtant intelligent, très intelligent.

STÉPHANE

Je sais.

SIMON

Ah bon… *(Un temps.)* D'abord, quel âge as-tu ?

STÉPHANE

Trente ans depuis le mois de janvier.

SIMON

Dix-huit ans de moins que moi… Et… elle ?

STÉPHANE

Vingt-trois ans.

SIMON

Où l'as-tu rencontrée ?

STÉPHANE

Dans un dancing…

SIMON

Pourquoi qu'elle t'a plu ?

STÉPHANE

J'sais pas exactement. Peut-être parce que je n'ai pas eu à parler. Peut-être, aussi, parce qu'elle ne m'a pas posé de question…

SIMON

Et depuis votre rencontre, est-ce qu'elle a changé ?

STÉPHANE

Bien sûr… C'est plus comme au début… *(Un temps.)* Mais je préfère la servitude à la solitude.

SIMON

Pauv'pom'… la servitude… C'est la pire des solitudes. Qu'est-ce que tu fais dans la vie ?

STÉPHANE

Je traîne. J'ai visité quelques pays, jamais trop loin du nôtre. J'écrivais… Depuis, je n'ai plus écrit un mot…

SIMON

De toute façon, ça ne sert à rien d'écrire ! Mais, ta Douce… qu'est-ce qu'elle pense de tout ça ?

STÉPHANE

Chaque fois que je parle, elle se contente de sourire…

SIMON, *l'interrompant.*

Méfie-toi des femmes qui sourient. C'est celles qui sont les plus cruelles. La mienne, aussi, souriait sans cesse. Elle souriait tellement qu'elle a fini par s'évaporer…

STÉPHANE, *qui ne comprend pas.*

…

SIMON

Quoi, c'est bien connu, les gens qui sourient sans arrêt finissent par s'évaporer…

STÉPHANE

Est-ce que je peux vous poser une question ?

SIMON

Vas-y, pauv'pom'.

STÉPHANE

Pourquoi me dites-vous sans arrêt que je suis un raté ?

SIMON

Parce que t'as pas encore passé vingt ans dans un square… Comment peux-tu alors attendre quelque chose de l'amour ? Hein ! Comment peux-tu ? T'as raté ta vie parce que t'attends tout de l'amour et que tu te figures que l'amour attend tout de toi. Crois-moi, j'en ai vu des défaites dans ce square. *(Il hurle.)* On devrait faire exploser tous les squares ! *(Il se retourne vers Stéphane.)* Écoute-moi, fous le camp ! Sauve-toi pendant qu'tu peux encore croire qu'elle va venir. Cours, va-t'en ! Ne lui laisse pas cette chance ! On a pas le droit d'humilier un homme ! Jamais plus j'me laisserai humilier ! Si tu veux rattraper ta triste vie, sauve-toi…

Après un long moment de silence.

STÉPHANE

Les humiliations, c'est toute la vie qu'elles durent… *(Continuant.)* … mais, la plus simple, la moins déshonorante, c'est d'aimer. Moi aussi, j'ai rêvé de voyages dans les pays lointains. Moi aussi, j'ai rêvé de Blanche-Neige. Oh, Huguette, c'est pas Blanche-Neige, mais elle est là. Et même si elle a du retard, même si elle balade son corps sur les Grands Boulevards, même si elle est cruelle, je m'en fous, puisqu'elle revient toujours.

SIMON, *comme s'il ne l'avait pas entendu.*

Fous le camp ! Tu comprends donc rien, fous le camp !

STÉPHANE

Pour qu'un jour, dans un autre square, vous racontiez mon histoire en disant que je suis parti, sans savoir si elle allait venir ou non...

SIMON

Il n'y aura pas d'autre square et j'deviendrai silencieux. Pendant ces... vingt ans, j'ai cherché comme un fou un visage à découvrir, un visage silencieux à aimer. J'ai cherché des larmes autres que celles du désespoir, autres que celles de l'impuissance, autres que celles de la solitude. *(Un temps.)* Eh ben, c'est les miennes qu'ont foutu la pagaïe sur la gueule, même que c'jour-là, elles étaient pas salées. P'être bien parce que j'avais trop attendu et qu'y pleuvait. Trop attendu une petite vendeuse qui, paraît-il, sont les êtres les plus romantiques et les plus sentimentaux. Qu'est-ce qu'elle y a gagné ? Rien... J'suis sûr qu'elle est toujours derrière son comptoir... Peut-être qu'un jour tu liras sur l'journal qu'un homme a fait exploser tous les squares de la ville. Tu peux être sûr que ce sera moi... Les squares, c'est comme les greniers, trop de souvenirs, trop de vieillesse, trop d'inconfort, trop d'amères petites économies... *(Un temps.)* C'est pour ça que ta Douce viendra pas. Elle a envie de vivre... Les femmes ont beaucoup plus envie d'vivre que les hommes. Fais une croix sur elle et n'y pense plus...

STÉPHANE, *doucement.*

Elle viendra. J'en suis sûr. Nous devons nous marier la semaine prochaine.

Simon le regarde stupéfait. Un long temps... puis :

SIMON

Pauv'pom'... Pauv'pom'... T'irais jusque-là. T'as poussé ta lâcheté jusqu'à lui proposer le mariage !... Le mariage !... Hein, pauv'pom', t'es fier ! C'est ta réussite sociale ! C'était donc ça ! Et elle ? Elle s'est empressée d'accepter, j'en suis sûr. T'as dû en faire, en dire pour qu'elle finisse par accepter, du bout des lèvres, ta misérable fin... *(Un temps.)* ... Tiens, j'vais te raconter deux histoires : Un jour, dans ce square, sur le banc d'en face, y avait une jeune fille. À l'époque j'n'étais pas trop sale encore. J'me suis approché d'elle et j'lui ai dit que j'étais un ami de son fiancé. J'suis tombé pile, elle avait un fiancé et, sur ce banc, elle l'attendait... Après quelques paroles elle finit par me dire qu'elle avait un peu d'avance. Ça tombait pile pour c'que j'voulais vérifier. Eh bien, figure-toi que, pendant une heure, j'lui ai fait croire que j'étais un ami intime de son Jules... Nous avons parlé de lui. J'me souviens. J'donnais des détails qui ne pouvaient, s'ils étaient vrais, être connus que de ses intimes. Sais-tu ce qu'elle me disait ?... « Comme vous le connaissez bien... » Tu te rends compte ! Moi, un étranger, j'avais fini par lui réinventer son jules. Qu'est-ce que tu penses de ça ?

STÉPHANE, *souriant.*

Vous êtes intelligent...

SIMON

Intelligent... Pauv'pom', j'suis le plus intelligent de tous les habitants extra-muros de ce square. Mais, dedans, j'suis qu'une bête, mais une bête qui en a vu, pendant ses longues nuits sans sommeil… Tu vois, par cette petite histoire toute simple, que l'amour n'a pas de virage ni d'odeur. C'est la peur, la peur de ne pas être reconnu, la peur du vide. Alors, on se jette sur un visage, on s'y habitue, on s'y accroche, pour être bien certain d'être vivant et de vivre… *(Stéphane va comme pour l'interrompre.)* Attends, j'ai pas fini… J'ai une autre histoire ! Un jour, sur ce banc, y avait un homme et une femme. D'après ce que j'entendais, ils étaient mariés, mais s'étaient séparés depuis quelques mois. L'homme disait qu'il avait, enfin, trouvé du travail, qu'il ne buvait plus… Elle le regardait en souriant. Il lui dit encore plein de paroles toutes plus belles et plus douces les unes que les autres… Elle souriait toujours. Enfin, il lui demande de reprendre la vie commune. Alors elle se met à parler. Elle le traite plus bas que terre, l'humilie, lui énonce ses infortunes, lui dit qu'il n'était qu'un minable, un raté… et j'en passe. Au bout d'une heure d'injures, l'homme la gifle. Elle reste un moment sans rien dire, puis elle sourit en disant : « En plus de ça, tu n'es qu'un lâche… » *(Un temps.)* C'est pas magnifique ? Elle s'était tout permis. Tout, tu entends, tout. Et cette parole sublime « Tu n'es qu'un lâche »... Eh bien !

STÉPHANE, *timidement.*

On ne gifle pas une femme...

SIMON

On ne gifle pas une femme ? Pourquoi donc, hein ! Depuis des siècles, elles se servent de cet argument pour conspirer, pour intriguer, pour humilier. Crois-moi, une bonne gifle de temps en temps et tout irait mieux... *(Voyant la tête de Stéphane.)* Oh ! c'est pas la peine de me regarder ainsi... *(Un temps.)* J'en suis incapable...

STÉPHANE

Vous voyez bien, vous n'êtes pas aussi méchant que vous voulez le laisser paraître.

SIMON

Ne me force pas la main. Tu fais partie de cette race de gens qui trouvent tout le monde gentil. Je hais cette race de gens. C'est ceux qui deviennent le plus hargneux au moment du partage. Il n'y a pas plus méchants que les gens qui trouvent tous les autres gentils. *(Un temps. Puis, presque sournoisement :)* Alors, tu veux vraiment continuer à l'attendre ?

STÉPHANE, *simplement.*

Oui.

SIMON

Tant pis, je t'aurai prévenu. D'abord, as-tu connu beaucoup de femmes dans ta vie ?

STÉPHANE

Je sais pas ce que vous appelez beaucoup. J'en ai connu quelques-unes.

SIMON

C'est celle qu't'attends qu't'as choisie ?

STÉPHANE

À vrai dire, c'est la seule qui m'en ait laissé le temps...

SIMON

Comment ça ?

STÉPHANE

Oui, les autres s'en allaient avant que j'aie le courage de leur demander de m'épouser.

SIMON, *jubilant.*

Tu vois, c'est bien ce que j'disais. Tu n'aimes pas plus celle que tu attends qu'les autres. C'est bien ça. Un visage, n'importe lequel. On s'y accroche désespérément de peur de l'oublier et de retomber dans l'inconnu. Ah ! J'savais bien que j'avais raison !

À ce moment, un jeune homme qui, depuis quelques instants, avait l'air de chercher quelqu'un, s'approche d'eux.

LE JEUNE HOMME

Excusez-moi d'interrompre votre conversation, mais vous n'auriez pas vu une jeune fille blonde ?

SIMON, *à Stéphane.*

Tu vois, celui-là aussi !

LE JEUNE HOMME

Plaît-il ?

SIMON

Je disais : Si, j'ai vu une jeune fille blonde…

LE JEUNE HOMME

Ah bon. Vous ne savez pas si elle est partie ?

SIMON

Si elle est partie ? Bien sûr et même avec un nègre !…

LE JEUNE HOMME, *comme déçu qu'elle soit partie avec un nègre.*

Ah ! non…

SIMON

Eh… si ! avec un nègre…

LE JEUNE HOMME, *songeur.*

Pourtant, d'après ce qu'elle m'avait dit…

STÉPHANE, *inquiet.*

Que vous avait-elle dit ?

LE JEUNE HOMME

… Que si elle devait me tromper, ce ne serait pas avec un homme de couleur.

SIMON, *ironique.*

Il devait savoir jouer de la trompette comme un prince…

LE JEUNE HOMME

Comment savez-vous ça ?

SIMON, *encore plus ironique.*

C'est bien connu. Ils savent tous jouer de la trompette…

LE JEUNE HOMME

Ah bon…

SIMON

Asseyez-vous avec nous. Plus on est de fous, plus on rigole…

LE JEUNE HOMME

Je veux bien. Je suis sûr qu'elle va revenir.

SIMON

Compte là-dessus ! ! !

LE JEUNE HOMME, *à Stéphane.*

Vous aussi, vous avez rendez-vous ?

STÉPHANE, *gêné.*

Oui…

SIMON

Tu parles s'il a rendez-vous ! Depuis trois plombes !

LE JEUNE HOMME

Trois plombes ?

SIMON

Ah bon, parce que non seulement tu te méfies pas des Noirs qui jouent de la trompette, mais tu sais pas ce que veut dire trois plombes ? T'es bien parti ! Ça veut dire trois heures ! ! !

LE JEUNE HOMME

Ça fait trois heures que vous attendez ? Je peux vous dire que je serais, à votre place, parti depuis longtemps.

SIMON

Qu'est-ce que t'aurais fait après être parti, gros malin ?

LE JEUNE HOMME

Vous comprenez, j'ai des examens, il faut que je travaille…

SIMON

Ah, je comprends maintenant… Monsieur est touriste…

LE JEUNE HOMME

Touriste ? Je ne comprends pas très bien…

SIMON, *en regardant Stéphane.*

Ben oui, quoi, vous n'êtes pas de chez nous…

LE JEUNE HOMME

De chez vous ?

SIMON

Non, parce que vous voyez, nous, on a rendez-vous, lui depuis trois plombes et moi depuis dix-huit ans. Mais c'est un bon élève et j'crois qu'il est bien parti pour suivre mon chemin. Alors que vous, en somme, vous n'avez rendez-vous qu'à vos heures creuses !

LE JEUNE HOMME

Vous n'allez quand même pas me faire croire que cela fait dix-huit ans que vous êtes sur ce banc ?

SIMON

Jeune homme, je ne vous permets pas de douter de ma parole ! Peut-être pas sur ce banc, mais dans ce square, cela fait dix-huit ans que j'attends. *(Comme le jeune homme le regarde bizarrement, Simon hurle.)* Ne me regarde pas comme ça, crétin ! Tiens, c'que je souhaite, c'est que ta nana soit vraiment partie avec un Noir. Voyez-vous ça, monsieur a rendez-vous à ses heures de loisirs. Monsieur a rendez-vous lorsque son travail lui en laisse le temps. C'est une honte de voir ça !…

LE JEUNE HOMME

Alors, vous mentiez tout à l'heure, lorsque vous disiez qu'elle était partie avec un nègre ?

SIMON

Bien sûr que je mentais ! Oh, si tu avais vu ta tronche ! Ce n'était pas parce qu'elle était partie avec un mec que ça te faisait chier, mais parce que ce mec, il était noir. Tiens, t'es qu'un sale petit jeune homme… et crois-moi, c'est une insulte ! C'est drôle, j'ai toujours haï les nouveaux riches, les fils de parvenus, eh bien, maintenant, j'ai une raison de plus.

LE JEUNE HOMME, *avec mépris.*

Monsieur, nous, au moins, nous sommes l'élite de demain.

STÉPHANE

L'élite de demain… mon cul…

LE JEUNE HOMME

Plaît-il ?

STÉPHANE, *il hurle comme Simon.*

L'élite de demain… mon cul…

SIMON, *il jubile.*

Bravo, pauv'pom', tu te rattrapes. *(Il se tourne vers le jeune homme.)* Et toi, pauvre crétin, crois-moi, t'es le plus minable des plus minables des mecs en transit dans ce square… Le plus minable, tu entends. L'élite de demain ! Tu parles, Charles ! ! ! *(En prononçant le nom de Charles il regarde partout et esquisse un sourire.)* Tu parles, ta petite vie de petit étudiant bien sage, bien propre, et, plus tard, les cheveux en brosse. Tu m'dégoûtes et j'ai bien envie de t'faire la peau. Mais, pauvre con, l'élite de demain, c'est pas celle qu'aura passé dix ans derrière un pupitre à envoyer des boulettes, c'est les gars qu'auront attendu dans un square. C'est des gars qu'auront pleuré, seuls, des nuits entières parce que Blanche-Neige n'est pas venue ou, plutôt, parce qu'elle existe pas… Des gars qu'auront aucune honte à gueuler qu'ils ont pleuré. Oui, qu'ils ont pleuré parce qu'elle n'est pas venue… Oui, je te hais, toi et tout ce que tu représentes. Toi et ta race. Je pourrais te faire connaître des rivages dont tu soupçonnes même pas l'existence, des sourires dont tu connais même pas la douceur, moi, pauvre cloche que j'suis. Tire-toi ! Tire-toi !

Simon se lève et empoigne le jeune homme par le cou comme s'il voulait l'étrangler. Stéphane se lève pour les séparer. À ce moment arrive une jeune fille blonde accompagnée d'un Noir.

LA JEUNE FILLE, *affolée.*

Mais vous êtes fou, vous allez le tuer !

Simon, surpris, laisse tomber les bras. Le jeune homme ne pense pas à remettre de l'ordre dans ses vêtements. Un long silence suit.

LA JEUNE FILLE

Mon chéri, décidément, tu ne seras jamais raisonnable… *(Montrant le Noir de la main.)* Je te présente un ami. Je viens de le retrouver. Nous nous sommes connus l'été dernier, tu sais bien, pendant que tu préparais tes examens.

Tous ahuris.

STÉPHANE, *timidement, s'adressant au Noir.*

Et vous jouez de la trompette ?

La jeune fille ne le laisse pas répondre.

LA JEUNE FILLE

S'il joue de la trompette ?… Mais comme un dieu. Si vous saviez, pendant les vacances, les succès qu'il a eus avec sa trompette !

LE JEUNE HOMME

Enfin, tu vas tout de même pas me dire que…

LA JEUNE FILLE, *sèchement.*

Que quoi ? Que j'aime la trompette ? Mais j'adore la trompette !

SIMON

Eh… là… tous les deux, vous n'allez pas commencer à vous engueuler dans mon square ? Ça va pas, non ! Allez, tirez-vous, j'vous ai assez vus !

Simon les bouscule. Le Noir va pour les suivre. Simon l'arrête.

SIMON

Toi, tu restes là, dans mon square ! *(Il hurle.)* Non mais, ça va pas ? *(Il revient vers le petit groupe. Au Noir.)* Vous avez couché avec elle ?

LE NOIR

Oui, pendant les vacances.

SIMON, *à Stéphane.*

Très bien.
Tu vois, pauv'pom'…

STÉPHANE

Vous avez dit, tout à l'heure, que vous pouviez lui faire connaître des rivages dont il ne soupçonnait même pas l'existence. Donc, vous n'êtes pas resté dix-huit ans dans ce square !

SIMON

Pauv'pom' ! Dans tous les pays du monde, il y a des squares. Crois-moi, dans tous les pays, les squares sont les mêmes et servent aux mêmes choses. C'est drôle, tu sais, que je finisse dans un square parce que… quand t'es jeune, sous prétexte qu'il faut que tu prennes l'air, on t'en dégoûte définitivement.

Moi, j'm'en souviens, ces enfoirés, ils m'emmenaient dans un square qui servait de vide-ordures à des dizaines de fenêtres de cuisine. Même à ces fenêtres y avait des barreaux. Tu sais, ces squares qui sont recouverts d'une espèce de poussière grise qui ressemble au visage des vieillards. Poussière tu es… poussière tu redeviendras… *(Il éclate de rire.)* Ah ! Ah ! Ah ! Ah ! *(Brusquement, il redevient sombre.)* C'est pas drôle, ce que j'dis, c'est même con. En parlant comme ça, j'viens de comprendre d'où elle venait, cette poussière… (*Un temps.*) Dire que c'est là qu'on emmène les mômes…

STÉPHANE

Mais moi je connais des squares qui ne sont pas aussi tristes.

SIMON

Parce que t'étais dans un bon jour. Tu sais, il paraît qu'en Angleterre il y a des squares pour les chiens, des squares pour les enfants et d'autres pour les vieillards. Ici, y devrait y avoir des squares pour les gens qui s'aiment et d'autres pour les ruptures. Comme ça, personne ne subirait de mauvaises influences. T'as jamais remarqué que tout était desséché, triste, sale, dans un square ?

STÉPHANE

Il y en a un, au nord de la ville, qui est propre et désert.

SIMON

Bien sûr, au nord, tout est beau et propre. Les cons de vacanciers vont au sud, comme s'il y avait quelque chose au sud. Y'a jamais eu rien. Tout vient du nord. Tout ! La poésie vient du nord, les grands gaillards viennent du nord. Oh, le sud, il aurait bien voulu se donner la paternité du silence, mais… manque de pot… il a ses connes de cigales et… ses cons de grillons.

STÉPHANE

Le silence de la neige. Le silence des plaines où tout redevient beau, ces grandes plaines où la symphonie est née…

LE NOIR

Mais il y a aussi de belles choses dans le Sud.

SIMON, *ironique.*

Tu parles du nôtre ou du tien ?

LE NOIR

Du mien ! Mais seuls le voient ceux qui veulent le voir. Même dans mon pays, on a besoin du rêve, du rêve de l'homme. Chez nous, nous n'avons plus de conscience poétique, nous n'avons qu'une conscience politique, arriviste. Pour retrouver l'âme il faut courir la savane et les villages brûlés par le vent du désert.

SIMON

La poésie, c'est c'qui manque aux gens qui n'entrent pas dans les squares. Dis-moi, chez toi, est-ce que les squares existent ?

LE NOIR

Ce n'est qu'un immense square... Les plaines du silence et les femmes sont douces et fidèles.

STÉPHANE

Sont-elles belles ?

LE NOIR

Belles comme un accouchement.

SIMON

Pas plus belles que celles du Nord !

LE NOIR, *gentiment.*

Ce sont les mêmes. Comme dans tous les pays du monde, il existe des squares, des femmes sans visage et sans nom. C'est pour ça que je joue de la trompette... C'est ce que la jeune fille de tout à l'heure n'a pas compris.

SIMON

Jouer de la trompette, ça sert à rien !

LE NOIR, *doucement.*

Si, ça fait du bien, là où aucune caresse ne viendra jamais.

Là-bas… ils jouaient tous de la trompette. Maintenant, ils sont tous généraux ou colonels… Moi, j'avais d'autres espérances.

STÉPHANE

Et maintenant ?

LE NOIR, *tristement.*

J'ai repris ma trompette. J'ai moins peur comme ça. Je finirai dans une boîte triste avec des gens qui lanceront des serpentins.

STÉPHANE

Je hais les gens qui ont des serpentins.

SIMON

Enfin, une bonne parole.

STÉPHANE

Mais qu'est-ce que vous croyez ? Que vous êtes le seul ? Le seul à être… seul ? D'autres se consolent en achetant une BM, ou encore en faisant du camping ou du scoutisme. Moi aussi, monsieur Simon, j'ai mes squares. Vous savez ce qu'ils sont les miens ? Les vitrines des grands magasins, la nuit, les yeux crevés des mannequins, les promenades dans une ville silencieuse. Et puis, le premier homme, les yeux gonflés de sommeil, qui ne sait même pas pourquoi on l'a jeté à bas du lit. Même lui, monsieur Simon, il rêvait. Même lui.

Non ! Non ! Monsieur Simon, je vous ai écouté trop longtemps. Qu'est-ce que vous croyez ? Oh, je ne suis pas dupe, peut-être bien qu'Huguette ne viendra pas, peut-être bien… aussi… qu'elle viendra. De toute façon, elle m'a donné le bonheur. Oh… bien sûr, elle sourit toujours, et vous avez raison, ce n'est pas un bon signe. Peut-être bien, monsieur Simon, mais quelle importance, elle m'a donné suffisamment de bonheur, il faut bien payer…

SIMON, *reprenant un peu d'assurance.*

Mais, bougre de crétin, en l'aimant comme t'as l'air de l'aimer, tu lui fais le plus beau cadeau qu'on puisse faire à une femme… l'aimer… Tu l'as dévirilisée. T'as pas à payer…

STÉPHANE

S'il faut payer pour la garder, je paierai…

SIMON

Comme une fille de joie…

LE NOIR

Il n'est pas question d'argent.

SIMON

Sombre crétin ! Avec les filles de joie non plus…

LE NOIR

Pourquoi dites-vous : sombre ?

SIMON

Sombre crétin comme clair matin…

LE NOIR

Ah bon ! Je croyais que c'était péjoratif.

SIMON

Malin avec ça !

LE NOIR, *rêveur.*

Il faut partir, ne plus jamais revenir, se saouler de bruits nouveaux, marcher dans des rues inconnues. Et puis, lorsqu'on veut se souvenir, ce n'est plus qu'un immense silence. Mourir seul…

STÉPHANE

Pour l'instant, je veux pas mourir, je veux qu'elle vienne. *(Il regarde sa montre.)* Là… Elle exagère vraiment.

SIMON

Les femmes n'ont pas la même heure que la nôtre. C'qui serait drôle, c'est qu'ta Douce soit la même que la mienne…

STÉPHANE

Comment ça ?

SIMON

Eh ben, qu'la fille avec qui j'avais rendez-vous il y a dix-huit ans soit la même que celle avec qui t'as rendez-vous maintenant !

STÉPHANE

Elles ont pas le même nom.

SIMON

Pauv'pom'. C'qu'y a de moins définitif dans une femme, c'est bien son prénom.

STÉPHANE

C'est pas possible...

SIMON

Pourquoi pas ? Ça serait une drôle de fin à notre histoire...

LE NOIR

Quelle drôle d'histoire, en effet...

STÉPHANE

C'est peut-être une drôle d'histoire, mais elle m'amuse pas.

SIMON, *jubilant*

Ouais ! Parce que tu te demandes si elle ne reviendrait pas sur sa décision ! J'en sais rien, moi non plus, mais tu peux être certain qu'elle s'amuserait.

LE NOIR

Moi, je jouerai de la trompette…

SIMON

C'est ça ! Pour qu'on se retrouve comme deux cons, Stéphane et moi ! Pas question ! D'ailleurs, on devrait peut-être te la confisquer, ta trompette !

LE NOIR

Encore des Blancs qui veulent me la confisquer, ma trompette.

STÉPHANE

C'est tout l'effet que ça vous fait ?

LE NOIR

Vous savez, si vous me confisquez ma trompette, je jouerai du tambour…

SIMON

Oui, quoi, y faut qu'tu fasses du bruit !

LE NOIR

Vous n'aimez donc pas la musique ?

SIMON

Tu m'vois entrer dans une salle de concerts… la tête des mecs dans la salle…

LE NOIR, *en riant.*

Ils penseraient que c'est un festival de blues.

STÉPHANE

Qu'est-ce que c'est le blues ?

SIMON

C'est quelque chose de triste...

LE NOIR

Ou de gai...

STÉPHANE

Quoi, faudrait vous entendre ! C'est triste ou gai ?

LE NOIR et SIMON

C'est triste...

STÉPHANE

C'est un truc de Blanc ou de Noir ?

LE NOIR

Il y a le blues tout court.

SIMON

Raciste, hein ?

LE NOIR

Comme tout le monde.

SIMON

Mais, dis-moi, tu comptes pas retourner dans ton pays…

LE NOIR

Si, lorsque je serai devenu plus simple. Mon pays…

SIMON

Bon, bon, ça va. Ton pays de soleil n'est certainement pas plus beau que celui que je connais.

STÉPHANE

Comment est-il ?

SIMON

J'te préviens, Stéphane, c'est dangereux de me faire parler de ce pays…

STÉPHANE

J'm'en fous !

SIMON

Eh ben… d'abord… mon pays il est très loin. C'est tout au bout d'un immense fleuve. C'est tout blanc comme de la neige… D'ailleurs, c'est de la neige. Autant que j'vous l'dise tout de suite, si vous vouliez y aller. *(Il éclate de rire.)* Faut que vous preniez de grosses pompes. On quitte le fleuve et on s'enfonce dans les terres. Sur l'chemin, on croise une fille, elle est merveilleusement belle. Alors, on s'dit : « Tiens, tiens, elle est belle cette fille. » Tu continues ton chemin un peu plus content. Tu croises de vieilles gens qui t'saluent avec un joli sourire. Y'a des grands traîneaux tirés par de petits chevaux aussi blancs que la neige. Des jeunes gens rient, ils s'embrassent. Puis, quand tu passes, ils te font un signe de la main. Alors tu te demandes ce qui t'arrive et t'es de plus en plus content… Enfin, t'arrives dans le village. Là, t'es obligé de te rendre au bureau du vieil homme…

STÉPHANE

Le vieil homme ?

SIMON

Ouais… Le vieil homme. C'est lui qui s'occupe de toutes les formalités d'admission. Il te demande, premièrement, si t'as pas d'arme sur toi. Seulement pendant la période de la chasse tu es autorisé à porter une arme pour tuer la viande de ton mois. Après tu dois la rendre. Lorsqu'il a inscrit ton nom sur le registre, celui que tu veux bien lui donner – t'es pas obligé de donner ton vrai nom… Qu'est-ce que j'disais. Ah oui, le vieil homme t'emmène choisir ta maison. Y te demande les travaux que tu veux faire dedans pour qu'elle soit à ton goût. *(À Stéphane.)* Et puis, j'vais te dire autre chose. Là-bas, toutes les filles sont douces et tendres. En plus de ça, tiens-toi bien, d'une discrétion, d'une pudeur, comme t'as jamais vu. Et, tu sais, elles te prennent comme t'es. T'as le droit de rester dans le village un an. Après il faut que tu partes ailleurs faire ta vie. Mais tu repars jamais seul, car pendant l'année où t'as vécu dans ce village, t'as trouvé une compagne. Elle accepte de te suivre, même si t'es rien, même si t'as rien, même si t'es pas beau.

Dans chaque maison y a une bibliothèque gigantesque, tout un matériel pour peindre, pour sculpter. La nuit, lorsqu'il fait très froid dehors, tu dors dans les bras de celle que t'as choisie pour essayer de faire ta vie. N'aie crainte, ce n'est pas mal vu des autres habitants. Ils sont tous là pour les mêmes raisons que toi.

Dans la journée, vous partez faire de grandes balades à travers les forêts. Le traîneau va très vite. Tu n'as rien à craindre des femmes, là-bas… Dis-toi bien que ce ne sont pas des oies blanches. Elles connaissent tout des autres pays, des autres mœurs. Tout ! Tu entends, tout ! Et sais-tu pourquoi ? Parce que ce sont des putains…

Un grand temps.
Stéphane et le Noir se regardent sidérés.

STÉPHANE

Des putains ?

SIMON

Mais oui, bande de crétins… des putains… c'est le royaume des putains. Toutes les putains du monde se trouvent réunies dans ce village. Enfin, les putains qui veulent oublier. Les pures !

Alors, elles viennent là et elles espèrent, comme les types qui se rendent dans ce village. Elles espèrent ! *(À Stéphane.)* Tu peux pas savoir, pauv'pom', ce qu'elles sont douces et tendres. Et puis c'est pour elles le dernier voyage possible. Si, au bout d'un an, rien ne s'est passé, elles repartent vers leur ancienne vie…

LE NOIR

Mais pourquoi dans ce pays sans soleil où il fait si froid ?

SIMON

Parce que le silence, ce merveilleux silence n'existe que dans les immenses étendues blanches du Nord, ce silence qui permet de se blanchir de toutes ses saletés. Elles, ces filles qui viennent de tous les pays : de Chine, du Chapon, enfin de partout.

LE NOIR

Du Chapon ? Vous voulez dire du Japon ?

SIMON, *de mauvaise foi.*

J'dis c'que veux... Écoute, Stéphane. C'est des filles qui en ont tellement vu, tellement entendu, qu'elles comprennent tout, il suffit que t'aies rien, que tu n'sois rien, que t'aies simplement envie d'être heureux avec elles. Pas de questions. Être heureux avec elles, c'est la seule condition.

LE NOIR

Mais si ce pays est si fantastique, pourquoi n'y êtes-vous pas allé ? Oui, pourquoi ?

STÉPHANE

Oui, pourquoi ?

SIMON

Parce que j'avais pas de billet !

STÉPHANE

Quel billet ?

SIMON

Voilà. Un jour, un homme complètement saoul à qui j'demandais la pièce m'a dit qu'à défaut d'argent, il me donnait un billet de tombola. Le billet est sorti et a gagné un séjour d'un an dans ce village. J'suis retourné à la sortie de la boîte dans l'espoir de retrouver l'homme. Après plusieurs mois je l'ai, enfin, revu. J'lui demande des explications. V'là qu'y se fâche en disant que j'avais pas à poser des questions, mais simplement à partir pour ce pays.

LE NOIR

Ce que je ne comprends pas, c'est pourquoi cet homme vous a donné son billet.

SIMON

T'occupe pas. Ça te regarde pas. La seule chose importante, c'est que ce pays existe et que j'aie un billet.

LE NOIR

Toute cette histoire m'étonne beaucoup. Vous pouvez faire voir le billet ?

De toute manière, on se reverra parce que vous bougerez jamais de ce square, malgré votre billet… Jamais !

SIMON, *(il regarde Stéphane.)*

T'y crois, toi, à mon histoire ?

STÉPHANE

Il suffit de vouloir y croire et j'vous crois.

SIMON

T'es un brave garçon. *(Un temps.)* Elle viendra pas, tu sais…

STÉPHANE

Oui, peut-être bien qu'elle viendra pas…

SIMON

Si elle vient pas, qu'est-ce que tu vas faire ?

STÉPHANE

J'sais pas…

SIMON

Écoute… Lui laisse pas cette chance. Risque quelque chose, pour une fois, dans ta vie… Tire-toi…

STÉPHANE

J'en ai pas le courage…

SIMON

Et si j'te donnais mon billet ?

STÉPHANE

Votre billet ? Mais, j'ai rien pour vous l'acheter.

SIMON, *songeur.*

Oui, c'est vrai… T'as rien… Eh bien, tant pis. N'en parlons plus.

STÉPHANE

Et puis, même si elle venait, j'suis sûr que tout ça continuerait. Ses retards, ses sourires et… moi qui continuerais à tout supporter, à tout accepter, sans rien dire, sous prétexte que je l'aime. Oh, si vous saviez, Simon, elle est pas facile à vivre, à aimer… Tous ces gens qui rient avec elle de choses que je ne connais pas… et… ses absences, oui, parce qu'il faut que je vous dise, souvent elle disparaît, pendant des jours et des jours sans donner signe de vie.

Puis elle revient toute souriante… et moi j'sais pas pourquoi, alors je reste silencieux. Elle me demande si ce qu'elle a fait pendant ces quelques jours ne m'intéresse pas. Comme j'ai peur de ce qu'elle va me répondre, je ne dis rien.

Au fond de moi-même, je sais bien ce qu'elle a fait ! Elle s'est tapé un ou plusieurs mecs et elle se doute bien que je suis au courant. Mais elle ne dit rien, elle se contente de sourire lorsque je la caresse.

SIMON

Et tu dis que cette fille t'aime ? Mais t'es complètement louf !

STÉPHANE

J'ai jamais dit ça. Mais puisqu'elle accepte de continuer de vivre ainsi avec moi, eh bien… je l'épouse…

SIMON. *Il hurle.*

T'es vraiment une pauv'pom'. Tu te rends pas compte qu'elle se fout de toi. Elle est en train de t'faire payer sa haine de l'homme, trop ravie de tomber sur une pauv'pom' comme toi. Et toi… tu vas te marier avec elle.

STÉPHANE

J'ai tellement peur de me retrouver tout seul.

SIMON

Oui, et un jour, lorsque vous serez vieux tous les deux, elle se mettra à rire si fort en se rappelant tout ce qu'elle t'a fait supporter que tu la tueras.

STÉPHANE

Vous êtes complètement fou.

SIMON

Si tu savais le nombre de fois que c'est déjà arrivé… Elle finira par te reprocher c'que tu lui auras laissé faire. Peut-être, elle finira aussi par partir. Et là, ça sera encore plus dur, parce que tu seras vieux et qu'on s'sent plus fort à deux lorsqu'on est vieux. La seule personne qui peut encore te supporter, quand ça arrive, c'est celle qui est aussi vieille que toi et qui n'a plus rien à perdre à t'écouter et à rester près de toi… Les autres continuent à vivre…

STÉPHANE

Et si jamais j'me tire et qu'elle vienne ?

SIMON

Eh ben, elle arrivera en avance à son autre rendez-vous… Et… j'serai là… J'lui expliquerai…

STÉPHANE

Mais vous avez votre billet ! Pourquoi ne partez-vous pas ?

SIMON

Pourquoi ? Va savoir ! Peut-être parce que j'crois que j'ai encore plusieurs choses à vérifier. Peut-être dans quelques jours… Peut-être dans quelques mois… peut-être jamais… J'sais plus…

STÉPHANE

Mais pourtant c'est vrai tout ce qui est promis sur ce billet ?

SIMON

Oui, c'est vrai... J'le jure !

STÉPHANE

Mais, dites donc, vous avez dit il y a cinq minutes que si je partais vous expliqueriez à Huguette... *(Il réfléchit.)* Mais c'est pour me faire partir que vous avez raconté toute cette histoire... pour me faire partir... et parler à Huguette. Peut-être bien pour tenter de la convaincre qu'elle est la femme de votre rendez-vous d'il y a dix-huit ans.

SIMON

Idiot ! Si j'avais tout ça, j'n'aurais pas pris la peine d'inventer une histoire. *(Lentement.)* Je t'aurais tué.

STÉPHANE, *détaché.*

Ah bon...

SIMON

Lorsque tu seras marié, est-ce que tu reviendras dans ce square ?

STÉPHANE

Bien sûr…

SIMON

Eh ben, veux-tu que j'te dise, c'est trop con de s'marier et de continuer à venir dans un square ! *(Un grand silence. Ils n'osent se regarder. Puis… Doucement.)* J'te propose un marché…

STÉPHANE

Je vous vois venir…

SIMON

Tu me vois venir ? Eh ben, tant mieux, ça sera plus facile à dire…

Un grand silence.
Ils n'osent pas commencer.

SIMON. *Il hurle.*

C'est pas la peine, j'parlerai pas le premier !…

STÉPHANE

Tant pis, parce que moi non plus…

Un silence. Avec la pointe de leurs chaussures, ils font les dessins sur la terre.

SIMON, *doucement, anxieux.*

Pauv'pom' ! Où elles sont tes fleurs ?...

Un grand temps. Silence. Stéphane sort son bouquet de violettes de sa poche. Il les garde un moment puis, lentement, les tend à Simon.
Simon les prend doucement et, de l'autre main, tend son billet à Stéphane.

NOIR

Même décor, Stéphane est parti. Simon reste seul en scène. Les violettes sont sur le banc. Les oiseaux se sont remis à faire un bruit infernal.

SIMON

Quoi ! Quoi ! J'sais bien ! Depuis l'temps qu'vous m'surveillez, bande de cafards, vous aimeriez bien que j'm'écroule. Eh bien, non... De toute façon, pas avant que j'vous aie démolis à coups de fusil ! *(Un temps.)* Oh ! J'suis bien sûr que vous avez pas perdu une miette de tout ce qui s'est passé… *(Il hurle.)* Rapaces ! ! ! *(Un temps.)* C'est plus un square, c'est un désert ! *(Un temps. Puis, d'une voix plus douce.)* Rapaces ! *(Un temps.)* Ouais, j'sais. J'la connais pas, cette fille. Et alors ? J'vais faire connaissance ! *(Un temps.)* Vous êtes tellement habitués à ricaner dans mon dos que ça vous emmerderait que j'puisse foutre le camp ! *(Un temps. Il hurle.)* À coups de fusil… j'vais vous faire la peau ! ! !

De toute manière, maintenant, j'ai plus d'billet ! *(Un temps.)* Oh ! vous pouvez continuer à ricaner ! J'sais que j'suis sale ! *(Un temps.)* … Qu'est-ce que j'vais lui dire, moi ? J'l'ai jamais vue ! Et pourtant si tout pouvait finir… Si… Oh, mais, quelle importance… Je continuerai à traîner dans ce square. *(Un temps.)* C'est pas possible… C'est plus possible… J'en peux plus… *(Un temps.)* Oui, mais, qu'est-ce que j'vais lui dire… ? Il faut pourtant que je gagne. Oh, bon Dieu, c'que c'est difficile… *(Il se prend la tête dans les mains.)* J'sais pas, moi. J'me souviens plus… C'est tellement loin… c'est tellement loin. *(Une femme entre en scène. Elle n'est pas belle, mais un certain charme se dégage d'elle. Elle s'assoit sur l'autre banc. Simon relève la tête. Il la regarde. Il hurle.)* Huguette ! ! ! *(La femme sursaute et le regarde.)* Non. J'voulais vérifier. Vous êtes bien Huguette ? Oh, allez, j'le sais bien que vous êtes Huguette !

LA JEUNE FEMME, *très distante.*

Oui, je suis Huguette… et alors ?

SIMON, *timidement.*

Eh bien voilà… J'suis un ami de Stéphane…

LA JEUNE FEMME, *très froide.*

Et alors ?

SIMON

Eh bien… *(Il ne sait pas quoi dire.)* Il aura un léger retard. Un empêchement de dernière heure… Comme qui dirait…

LA JEUNE FEMME

J'attendrai…

SIMON, *agressivement.*

Vous êtes belle…

LA JEUNE FEMME, *calmement.*

Vous auriez pu vous raser !

SIMON

Non… Ça va pas recommencer…

LA JEUNE FEMME

Très bien, je ne dirai plus un mot. *(Un temps.)* Quand même, Stéphane a de drôles d'amis…

SIMON

C'est pas un ami. C'est une connaissance de square…

LA JEUNE FEMME

Mais vous disiez il y a cinq minutes à peine…

SIMON

Oui, j'sais... *(Un temps.)* Écoutez... dites-moi quelque chose. J'sais pas... N'importe quoi. Mais ne partez pas, j'ai des tas de choses à vous dire...

HUGUETTE

Eh bien, je vous écoute...

SIMON

C'est que ça fait tellement longtemps... Un vieux rêve... *(Comme à lui-même.)* Un type sans rien. Rien que des façades lisses qui l'entourent... Rien... Un vieux rêve... Un sourire... On finit pas se dire que ça n'existe pas...

HUGUETTE, *froidement.*

Est-ce que Stéphane a dit qu'il aurait beaucoup de retard ?

SIMON, *à mi-voix.*

Pour l'instant, il n'a que de l'avance...

HUGUETTE

Plaît-il ?

SIMON

Rien. J'ai simplement dit que vous étiez à l'heure…

HUGUETTE

À l'heure de qui ?

SIMON

À l'heure de qui ? P'être bien à la mienne… *(Un temps.)* Écoutez, en attendant Stéphane, j'vous propose un jeu. On va faire comme si nous étions un vieux couple. On s'est séparés parce que ça n'collait plus. Puis, aujourd'hui, on s'est donné rendez-vous pour essayer de remettre ça… Vous voulez bien ?

HUGUETTE, *souriante, détendue.*

Il fait beau. Nous sommes dans un square. Pourquoi pas ?

SIMON. *Il commence immédiatement le jeu.*

Huguette, j'suis heureux que tu sois venue…

HUGUETTE

Ne commence pas ta sérénade habituelle, comme à toutes nos tentatives de réconciliation.

SIMON

Écoute. Voilà, Huguette, j'ai trouvé du travail. J'bois plus. Tu vois j'suis devenu sérieux, comme tu voulais… Et puis, tu sais, j'ai tout repeint à la maison.

HUGUETTE, *avec mépris.*

Tu appelles ça une maison ?

SIMON

Patiente ! Dans quelque temps, nous aurons un endroit plus confortable…

HUGUETTE

Tu seras vieux, moi vieille. Ça n'aura plus d'importance.

SIMON

Laisse-moi cette chance. Écoute… j'bois plus…

Il faut bien que l'on sente que, lorsque Simon parle de boisson, ce n'est pas le vrai motif. Et, surtout, que ce n'est pas la raison de sa solitude.

HUGUETTE

Tu sais très bien que tu n'es rien lorsque tu ne bois pas. Parce que je dois reconnaître que saoul, tu ne manques pas de lyrisme… Mais qu'est-ce que tu veux, lyrisme, c'est pas une position sociale… Ce n'est qu'un intermède…

SIMON

Seulement, c'que tu sais pas, c'est que maintenant j'n'ai plus besoin de boire… Non… Il ne manque plus que quelque chose… TOI…

HUGUETTE

Moi… ou une autre… Enfin… Un visage…

SIMON

Quoi… Tu sais ça aussi ?

HUGUETTE

Mais qu'est-ce que tu crois ? Vous, les hommes, vous vous figurez que c'est votre lot d'avoir des problèmes, d'avoir peur, de rester assis des heures sans trouver le courage de se lever, de marcher jusqu'à épuisement et de s'asseoir, en pleine nuit, sur les marches d'une maison étrangère… Non, décidément, tu n'as pas changé. Tu es toujours pareil. Tu t'es fait une telle carapace de tes problèmes personnels que tu marches à côté des gens sans les voir… sans les entendre…

SIMON

Arrête ! J'sais où tu veux en venir. Toi non plus, t'as pas changé. Tu commençais toujours par parler de mon égoïsme vis-à-vis des autres. Oh ! c'était plus facile après, pour parler de toi… *(Il se fâche.)* Écoute, si c'est pour recommencer comme avant, t'as qu'à foutre le camp !

HUGUETTE, *choquée.*

J'espère que ce n'est qu'un jeu, monsieur… *(Comme pour savoir le nom.)*

SIMON. *Il hurle.*

Simon… Et j'veux que v'm'aimiez ! ! !

HUGUETTE, *avec un sourire.*

Mais je vous aime, Simon !

SIMON. *Il a oublié le jeu.*

C'est vrai ! Alors tout est fini ? Plus de square ? *(Il regarde l'arbre.)* Plus d'ces maudites bestioles. On va partir. Partir très loin… Oh, pas dans un aut'pays. Partir très loin dans le printemps… Vivre au plus profond du printemps… J'aurai plus peur des monstres que nos vieux ont inventés pour nous filer la frousse. *(Un temps.)* Oh, c'est tellement loin, tellement loin…

HUGUETTE. *Elle sourit.*

Monsieur Simon, j'espère que ce n'est toujours qu'un jeu ?

SIMON, *brusquement stoppé dans son enthousiasme.*

Oh… Non… Vous disiez que vous m'aimiez…

HUGUETTE, *reprenant le tutoiement du jeu.*

Décidément, tu n'as pas changé. Tu ne sais toujours pas jouer. Il y a jouer et gagner… Et toi, tu es de ceux qui perdront toujours.

SIMON. *Il hurle.*

Je n'joue plus ! Qu'est-ce que vous vouliez ? Que j'me traîne à vos genoux ? Que j'vous supplie ?… Non c'n'est pas possible… Allez vous faire foutre… Je ne joue plus…

HUGUETTE

C'est pourtant vous qui l'avez proposé !

SIMON

Oui, j'sais… Mais j'suis pas assez fort. Et, de toute manière, vous seriez repartie… Comme toujours… Vous voulez que j'vous dise pourquoi j'perds toujours ? Parce que j'ai pas envie de me battre. J'veux pas me battre… Et pourtant… si vous saviez comme j'étais heureux du retard de Stéphane qui allait me permettre de vous rencontrer. Oh, j'peux bien vous le dire, maintenant, Stéphane ne viendra pas… Il viendra plus… J'lui ai donné mon billet…

HUGUETTE

Comment ça ?

SIMON

Ah, oui, comment ça ? À moi maintenant de tout mélanger. J'connaissais pas Stéphane. Et, tout à l'heure, pendant qu'il vous attendait, j'l'ai abordé. Il m'a parlé de vous. Oh, il vous aimait. Comme vous aviez beaucoup de retard, nous avons pu parler très longtemps. J'ai réussi à le convaincre de partir…

HUGUETTE

De partir ? Où ? Comment ?

SIMON

Un soir, à la sortie d'une boîte de nuit où j'tendais la main, un homme ivre m'a donné un billet de tombola dont y savait pas quoi foutre. Ce billet, il a gagné. Il a gagné un voyage dans un pays très loin, sans souvenirs… Dans un pays où, le soir, tout est rouge et où les femmes ont des robes qui ressemblent à des millions de soleils fous, où il y a des fêtes chaque jour… *(Un temps.)* Voilà où il est parti, votre Stéphane…

HUGUETTE

C'est impossible, il est incapable de partir…

SIMON

Oui, j'sais… Quelques promesses, quelques sourires et hop… dans la poche. On en tient un… Et puis, on y tient pas tellement parce qu'on l'aime, mais parce que enfin c'est un rêve d'enfant qui se réalise. On a une poupée qui marche, qui parle… Une poupée qu'on peut faire pleurer. Une poupée avec qui on peut faire l'amour sans honte. Mais tout ça, c'est fini… Il est parti… Plus de poupée…

HUGUETTE, *cynique.*

C'est ce qui se trouve le plus facilement, une poupée…

SIMON

Attendez que tous les hommes connaissent l'existence de ce pays... N'y aura plus jamais de poupée...

HUGUETTE

Et Stéphane n'a rien dit ?... avant de partir ?

SIMON

Si : « Le soleil brillera bien sans elle, j'espère... » ce à quoi j'lui ai répondu : « Ça ne dépend plus que d'toi... »

HUGUETTE, *lointaine.*

C'est drôle, c'est déjà un étranger pour moi... J'ai l'impression que cela fait des années qu'il est parti...

SIMON

Mais ça fait des années, puisqu'y vient de réaliser son vieux rêve...

HUGUETTE

Mais... Et vous... vous n'êtes pas parti... *(Un temps.)*

SIMON

Y a dix-huit ans…

HUGUETTE

Et vous avez été aussi dans ce fameux pays ?

SIMON

Non, tout simplement dans ce square… Et depuis dix-huit ans j'vous attendais…

HUGUETTE

Vous m'attendiez ? Vous passez facilement de l'injure à la caresse !

SIMON

C'est la seule facilité que j'aie…

HUGUETTE

Je déteste les douches froides. Alors, comme ça, vous m'attendiez depuis si longtemps ?…

SIMON

Oui, vous n'aviez peut-être pas le même visage. Oh, pour le sourire, c'est pareil. Toutes les femmes ont le même sourire lorsqu'on est seul… *(Un temps.)* Peut-être étiez-vous plus douce. J'm'en souviens plus. J'me souviens plus… c'est tellement loin. Oh ! si vous ne souriiez pas sans arrêt, cela me serait plus facile… Et puis, merde, quoi, vous me regardez et j'me dis : elle s'amuse à m'regarder et puis hop, elle a tout compris. J'me demande si même elle n'a pas deviné depuis combien de temps j'n'ai pas caressé une femme… Et… *(En colère.)* J'vois pas pourquoi j'vous dis tout ça ! *(Un temps.)* D'ailleurs, j'vous ai menti. Tout c'que j'vous ai dit jusque maintenant, c'est faux. J'connais pas Stéphane. J'sais pas qui c'est…

… Et puis, non, vous n'êtes pas belle… Et puis… merde ! Tout ça, c'est bidon… *(Il se lève et dans l'allée fait de grands gestes.)* Tout ça… ce square… cet arbre… Oh, y a seulement ça qui est pas bidon… *(Il montre les oiseaux.)* Y font tout pour me faire chier… Y chantent ! *(Il hurle.)* Et pendant qu'y chantent, qu'est-ce que j'fous, moi ? *(En ricanant.)* J'me figure qu'une fille sentant bon le Monsavon va m'aimer… eh bien… va ! ! ! j'abandonne… Foutez le camp… De toute façon, j'vous reverrai bien un de ces jours…

HUGUETTE

Pourquoi ça ?

SIMON

Parce que j'suis sûr. Bien sûr que vous viendrez vérifier si j'suis toujours là... Allez, dites pas le contraire. Vous êtes comme toutes les femmes, vous aimez bien vérifier... Peut-être bien que j'vous reverrai enceinte... Alors là, ça sera à moi de rigoler...

HUGUETTE

Rigoler ?

SIMON

J'sais pas comment sont les femmes enceintes en dehors d'un square... Mais, c'que j'sais, c'est qu'y a rien de plus triste qu'une femme enceinte dans un square...

HUGUETTE

Tant que c'est pas du square qu'elle est enceinte...

SIMON

C'est pour moi que vous dites ça ? *(Il hurle.)* C'est une honte ! J'ai jamais mis une femme enceinte, MOI…

HUGUETTE, *doucement.*

C'est peut-être pour ça que vous êtes malheureux…

SIMON

Mais oui, tiens donc, j'vais m'trimbaler avec une pancarte dans le dos « j'mets enceinte qui veut »… Non, mais… ça va pas !

HUGUETTE

Vous avez peut-être peur qu'il y ait foule ?

SIMON. *Un grand temps, puis, très vite.*

Non ! Mais que vous soyez la seule…

HUGUETTE. *Un grand temps.*

Dites-moi, qu'allez-vous faire, maintenant ?

SIMON

Qu'est-ce que j'vais faire ? J'vais acheter un square... *(Surprise d'Huguette.)* Qu'est-ce que vous croyez. J'ai quelques économies. J'vais acheter un square, et louer les bancs à des gens comme vous et moi.

HUGUETTE, *comme si elle allait partir.*

Voilà qui est parfait. Je vais vous laisser à vos affaires et...

SIMON. *Il se précipite.*

Non, ne partez pas... Pas maintenant, plus tard, quand j'me serai habitué. *(Comme à lui-même.)* Foutu, quoi ! la robe de Blanche-Neige, foutu... Quoi ! Elle viendra plus... elle est pleine de terre de square, la robe de Blanche-Neige.

HUGUETTE

Mais, au fait, comment avez-vous su que j'étais Huguette ?

SIMON, *pris de court.*

Eh bien... heu... je... Eh si, j'le connais vot'Stéphane et il est vraiment parti avec mon billet...

HUGUETTE

Mais c'est insensé ! Nous devions nous marier la semaine prochaine !

SIMON

Mais vous pouvez vous marier... avec moi...

Il évite de la regarder.

HUGUETTE

Me marier avec vous ! Mais vous êtes complètement fou ! Vous n'avez rien qu'un souvenir... Oh, bien sûr, moi non plus, je n'ai pas grand-chose. Mais, au moins, je suis civilisée... moi... *(Elle rit.)* Me marier avec vous ?... Quelle folie, il faudrait que je vous apprenne... à parler, à marcher, à sourire, à être heureux... Non, décidément je n'ai pas le temps. Il faudrait que je sache, moi-même, tout ça. Non, j'ai mon travail, j'ai mes magazines de la semaine, la mode… et, de temps en temps, un homme qui se retourne sur mon passage et, encore, de temps à autre, en choisir un… beau et propre… C'est ça ma tentative de bonheur à moi. C'est tout simple, c'est la vie…

SIMON

Non, c'est pas possible. J'me suis habitué à vous. C'est pas possible qu'vous partiez. Vous vous rendez compte. Maintenant que j'vous ai vue, j'pourrai plus dormir par terre comme une bête. J'pourrai plus supporter d'être sale, d' me cacher sans cesse pour pouvoir continuer à être dans ce square…

HUGUETTE

Pourquoi ça ?

SIMON. *Il hurle.*

Parce que j'aurai honte !

HUGUETTE

Honte ?

SIMON

Maintenant, vous savez tout de moi. Si vous partez, vous penserez lorsque vous chocherez dans votre lit : « Pendant ce temps, l'aut'fou se recouvre de terre pour avoir moins froid… » et vous rirez… Puis vous raconterez l'histoire à votre amant du jour et vous rirez ensemble. Moi, pendant c'temps-là, j'vous verrai rire avec lui, alors que, malgré tout, nous sommes maintenant fragiles l'un envers l'autre. Mais moi, j'rirai pas. J'veux pas vous laisser partir. *(Comme s'il avait une idée.)* Oh, j'vous en prie, on peut faire un essai… quelques mois. Et… j'vous jure que, si ça ne marche pas, j'partirai sans rien dire et j'vous reverrai plus… *(Elle sourit toujours.)* Oui, j'sais, j'suis sale, j'ai rien, on se connaît à peine… Mais maintenant, j'ai une baguette magique… *(Interrogation d'Huguette.)* Dix-huit ans de square, voilà ma baguette magique… Oh ! des milliers d'histoires qu' j'vous raconterai. J'connais beaucoup d'histoires, vous savez…

HUGUETTE

Dans le genre de celle que vous avez racontée à Stéphane ?

SIMON

Non, celle-là était vraie…

HUGUETTE

Donc, vous avouez que vous me mentirez ?

SIMON

S'il fallait raconter que des histoires vraies…

HUGUETTE

Pour me donner un exemple, racontez-m'en une…

SIMON

Vrai ? Vous m'écouterez ?

HUGUETTE

Je vous écoute, il me semble, depuis un moment…

SIMON

Bon, bon, je commence. *(Huguette sourit.)* Il était une fois…

HUGUETTE

Je les connais toutes celles qui commencent comme ça !…

SIMON

Il était une fois un type… les gens disaient qu'c'était un simple d'esprit. Cet homme demandait à qui voulait l'entendre où était Blanche-Neige. Il parcourt tous les squares du monde, toutes les contrées. Un jour, dans un bordel, il la voit. Il est sûr que c'est elle. Oh, pas simplement parce qu'elle a une robe blanche, mais parce qu'il est certain qu'c'est elle. Seulement, voilà, il a tellement parcouru de pays, de villes que, sans s'en rendre compte, il est devenu vieux, très vieux. Il s'approche d'elle et lui dit qu'il est venu la chercher. Elle le regarde pendant quelques minutes et éclate d'un immense rire. Elle rit… Elle rit… comme une folle. Tous les témoins de la scène se mettent à rire aussi, mais pas du même rire…

Tant d'années, dit-il, tant d'années… et elle lui répond : « Mais tu es trop vieux, beaucoup trop vieux. Regarde-moi comme je suis belle et jeune, regarde… » et elle danse et elle rit. Alors le vieil homme lève le bras et la tue. Les témoins s'enfuient de peur et le vieil homme reste seul avec Blanche-Neige au creux de ses bras. Alors, elle ouvre les yeux, lui fait un clin d'œil et lui dit : « Je t'ai bien eu, hein ! Après tant d'années… tant d'années… »

Un grand silence. Simon paraît perdu dans son rêve.

HUGUETTE

Que sont-ils devenus ?

SIMON, *hébété.*

J'en sais rien… J'en sais rien… *(Il hurle.)* J'en sais rien… J'm'en souviens plus… *(Il continue son rêve.)* Elle était pourtant morte… et elle riait… en lui disant « tant d'années »…

Soudain, le Noir de l'acte précédent apparaît.

LE NOIR

Ah ! j'étais sûr de vous retrouver ! *(Il s'aperçoit de la présence d'Huguette. En riant.)* Alors, elle a fini par venir ? Au bout de dix-huit ans ? Vous devez avoir beaucoup de choses à vous dire…

SIMON

Ouais, beaucoup de choses *(Un léger temps)*… Pourquoi tu nous jouerais pas de la trompette pour leur faire tomber le bec ?

LE NOIR

Pourquoi pas ?

De sous son manteau, il sort la trompette et se prépare à jouer. Simon lève la tête et s'adresse aux oiseaux.

SIMON

Rapaces, c'est le moment de chanter ! *(Le Noir sort une première note. Immédiatement les oiseaux se mettent à faire un bruit infernal.)* Allez, gentils, maudits rapaces. C'est votre plus belle symphonie. Oh ! quelle joie ! *(Huguette observe la scène sans rien dire. Simon la regarde brusquement. Puis il hurle, en faisant un signe du bras.)* Allez, maintenant… symphonie en couleurs… Allez maudits rapaces… Du nerf… Cueillez… Cueillez…

À ce moment tombe du ciel, à l'endroit même où se trouve Huguette, une pluie de fleurs de toutes les couleurs. Huguette est complètement ensevelie sous les fleurs. D'un seul coup, Simon hurle.

SIMON

Stop ! ! ! !

Un grand silence. Simon est face à Huguette.

HUGUETTE

Comment avez-vous fait ? C'est extraordinaire…

SIMON

Rien de plus facile… Il est bien connu qu'les plus belles fleurs poussent dans le ciel. Y suffit d'savoir les cueillir. Voilà…

Le Noir est stupéfait. Il sourit.

LE NOIR

Un griot, un vrai griot…

Simon et Huguette retombent dans le silence. Le Noir joue un beau blues.

HUGUETTE

Vous savez faire beaucoup de choses comme ça ?

SIMON, *comme si cela n'était pas suffisant.*

Non ! C'qui prouve que même les plus grands magiciens ont besoin d'être aimés…

HUGUETTE

Mais vous devriez alors inventer quelque chose pour que je sois obligée de vous aimer.

Simon la regarde longuement. Un grand temps.

SIMON

Zorglub ! !

Un léger temps de silence. Huguette le regarde intensément.

HUGUETTE, *comme si elle s'attendait à ce mot.*

Pourquoi ne l'avez-vous pas dit avant ? Tout aurait été plus simple. Partons, Simon, il commence à faire nuit.

Elle le prend par la main et, lentement, ils sortent du square. Le Noir reste en scène. Il joue.

NOIR

FIN

Le 28 septembre 1965.
LONDRES.

Les Girafes

Pièce en trois tableaux

À René Urtreger
Gérard Brach
Albert Cossery
Régis de Poléon
Michel Auclair

Cette pièce a été créée en juin 1967
au théâtre de la Gaîté Montparnasse.

Personnages

RÉGIS
FED
LAPOM
SLIN
O'CÉDAR
BARMAN
LE VIEIL HOMME
LE MARCHAND DE POISSON
LE NOIR
CAROLE
ÉDITH
HÉLÈNE
MONIQUE

La scène représente un grand salon, meublé très simplement. Une grande table en vieux bois, recouverte de diverses choses, et cinq grands fauteuils très confortables. Quelques peintures sont accrochées au mur.
Fed a construit une tente au milieu de la scène. Il est assis à l'arabe, devant l'entrée, face au public.
O'Cédar est dans un autre fauteuil, côté droit de la scène, face au public.
Slin peint.

SLIN. *Il est en train de peindre.*

Qu'est-ce que tu dis ?

O'CÉDAR

J'dis qu'y en a pas une pour rattraper les autres !

SLIN, *sans se retourner.*

De qui parles-tu ?

O'CÉDAR

Des femmes...

SLIN, *toujours sans se retourner.*

Même ta mère ?

O'CÉDAR

Même ma mère. *(Un temps.)* Surtout ma mère.

SLIN

T'es con de dire ça... Un jour tu m'as dit que t'avais été amoureux comme un fou, que tu avais jamais été heureux comme ça.

O'CÉDAR

S'y faut s'emmerder toute la vie pour n'être heureux qu'une fois... D'abord, qu'est-ce que c'est d'être heureux ?

SLIN

C'est de se sentir bien...

O'CÉDAR

Mais comment tu peux savoir que tu es bien ? Parce que tu te le répètes sans arrêt : j'suis heureux, j'suis heureux ?

SLIN

Non. Parce que c'est mieux que le moment d'avant... Mais, t'as le temps d'être heureux, t'es jeune.

O'CÉDAR

Et alors ? T'as rien compris. Tu comprends donc pas que si t'es pas heureux maintenant, tu le seras jamais ! Tu peux pas être heureux à soixante-dix piges des choses que t'aurais aimées à vingt... À soixante-dix ans, t'es plus qu'un truc administratif. Et puis, crois-moi, tu y arrives vite.

Passe-moi une sèche. Qu'est-ce que tu peux m'énerver à fumer des blondes.

SLIN, *vexé.*

Tu n'as qu'à travailler. Tu pourras te payer celles qui te plaisent.

O'CÉDAR

Travailler… travailler… Tu n'as que ce mot à la bouche. Tiens, parles-en à Fed.

Fed, lui, depuis le début de la scène, est assis dans un des fauteuils. Il est en contemplation devant une photo de femme nue.

FED

Moi, j'veux pas travailler. Je ne vois pas pourquoi je travaillerais. Le seul but du travail, c'est de survivre, moi, je veux seulement vivre. Pauvre Slin, t'as vraiment rien compris.

O'CÉDAR, *reprenant, comme une idée fixe.*

Et puis, au sujet de ma mère, c'est peut-être une pas grand-chose, mais t'as pas à poser des questions. C'est des histoires de famille.

SLIN

C'est toi qui en parles toujours !

FED, *comme s'il n'avait pas suivi la conversation. D'une voix lointaine.*

J'ai faim.

O'CÉDAR

Ah ! t'as faim… Eh ben, moi aussi, j'ai faim. *(Il se retourne vers Slin.)* Slin, tu peux aller chercher quelque chose à manger ?

SLIN

J'suis pas votre bonne…

O'CÉDAR

Ah, ça y est… Les vieux complexes qui reviennent ! S'il te plaît, Slin, pourrais-tu, pour nous rendre service, aller chercher quelque chose à bouffer, d'autant plus que Régis arrive ce soir. *(Slin a un sourire heureux. Il sort. Ils ne bougent pas. Un long silence… Fed est toujours par terre.)*

O'CÉDAR

Dis, Fed, tu m'en veux pas d'avoir parlé de ma mère comme ça ?

FED

Non, mon petit père.

O'CÉDAR

Tu sais, personne ne veut le croire que c'est une… *(Il se reprend.)*… enfin…
Fed, j'te jure que c'est vrai…

FED

Quand on sait d'où on vient, on devrait plus oser toucher une femme.

O'CÉDAR

Comment tu veux vivre, alors.

FED

J'sais pas. C'est sans solution ! Y faut s'masturber.

O'CÉDAR

S'masturber, c'est l'humiliation. Et puis…

FED

Elles sont si belles…

O'CÉDAR

Sur les photos… Fed… Ça t'est jamais arrivé. T'es avec une fille, tu as envie d'elle. Et puis, sur le chemin de la chambre, y a un étalage de poisson…
Et puis… il fait chaud…

FED

On devrait tuer tous les marchands de poisson. *(Long silence.)* Tu t'es déjà mal conduit avec une fille ?

O'CÉDAR

J'en sais rien. Je sais pas exactement ce qu'elles considèrent comme… mal se conduire.

FED

Je voudrais bien savoir où commence leur curiosité et où elles finissent de regarder.

O'CÉDAR

Si elles aiment un homme, elles croient que c'est fini, que les autres hommes n'oseront plus leur faire la cour. Et une femme à qui les hommes n'osent plus faire la cour, c'est plus une femme… d'après elles.

FED

Et les mères ?

O'CÉDAR

Pour les mères, pas de problème pendant quelque temps. Elles sont tranquilles. L'enfant est jeune. Mais tu peux dire, toi, combien de mères, en regardant leur fils de vingt ans, ne se demandent pas quel amant il peut être ?

Mais, trop tard, c'est elles qui l'ont fait, l'enfant…

Tu sais, lorsque j'ai vu ma mère pour la première fois, j'avais vingt ans.

Je me suis aperçu qu'elle me regardait à la dérobée, elle ne cherchait pas comment pouvait être le tableau de mon corps au repos, à côté du corps nu d'une femme, mais comment je pouvais faire l'amour.

FED

Et toi, tu t'es jamais posé la question ?

O'CÉDAR

Quoi ?

FED

Comment elle pouvait faire l'amour ?

O'CÉDAR

Si j'respectais ma mère, je te dirais qu'les mères font pas l'amour.

FED

Mais, enfin, petit père, c'est des femmes quand même…

O'CÉDAR

Oui, j'sais bien. (*Un temps.*) Mais c'est tellement beau les caresses, simplement les caresses. J'ai l'impression, à chaque fois qu'arrive le moment crucial, que j'suis en train de tout foutre en l'air. *(Un temps.)*

FED, *comme s'il poursuivait une idée fixe.*

Oui… Tu sais, je crois que c'est bien de ne pas vivre avec l'être aimé… Certaines personnes disent que les choses sont plus belles lorsqu'on les regarde avec la femme qu'on aime… Moi, j'suis sûr que c'est mieux de regarder tout seul et d'imaginer qu'elle est à côté de toi.

Comme ça, tu l'inventes, tu l'imagines. Devant chaque image, tu la réinventes, tu l'imagines en fonction de ta nouvelle image.

O'CÉDAR, *rêveur.*

Blanche-Neige.

FED

Blanche-Neige… Il est doux ce nom-là…

O'CÉDAR

C'est la seule qui puisse combattre les marchands de poisson.

Un temps. Ils fument silencieusement.
Puis Fed…

FED

Tu les crois, lorsqu'en faisant l'amour elles te disent qu'elles t'aiment ?

O'CÉDAR

Non, d'ailleurs, tu sais, elles ne m'ont jamais dit grand-chose. Dès que c'est fini, j'ai envie de m'tirer en courant.

FED, *doucement.*

Je crois que ça doit leur arriver aussi, tu sais.

Ils allument une nouvelle cigarette.
Un temps.

O'CÉDAR

Tu te rends compte ! Si l'jour de ta mort toutes les filles que t'as connues s'trouvaient autour de ton lit, toujours aussi jeunes, aussi laides ou aussi belles. Toi, râlant, bavant, mais avec encore assez de lucidité pour les voir ricaner en te disant : tu te souviens lorsque tu t'tirais en courant ?

FED, *rêveur.*

C'est pour ça qu'il ne faut jamais rien espérer de rien et vivre tranquillement en la maison du moment, avec les pensées de l'instant, ne rien regarder et tout voir, ne rien dire et tout savoir ; ne plus pratiquer qu'en dilettante, ne plus haïr qu'en indifférence, ne plus aimer qu'en souvenir.

Continuer son chemin, déjà mort, pour ne pas se dire : Bon Dieu, c'est déjà le moment ?… *(Un temps.)* Moi, j'aimerais être enterré à l'ombre, au bord de la mer, avec de l'herbe verte et tendre au-dessus de moi.

O'CÉDAR

Avec une croix blanche ?

FED

Surtout pas. Aucune trace de tombe. J'aurais, peut-être, comme ça la chance que deux amoureux viennent s'aimer sur mon carré de terre !

O'CÉDAR

T'y penses souvent à la mort ?

FED

Vive la mort !

O'CÉDAR

Moi, pendant des années, j'ai jamais pensé qu'un jour j'allais mourir. Pourtant, j'en entendais parler autour de moi, sur les journaux. J'avais l'impression que ceux qui mouraient faisaient partie d'une autre race. Et puis, un jour, j'me souviens plus comment et pourquoi, j'ai senti que j'faisais partie de cette même race et que, moi aussi, j'allais crever.

Et depuis, lorsque j'me dis : allez, tu vas travailler comme un fou pour réussir, pour te faire une place au soleil, simplement une odeur, un son, une phrase, suffisent pour me faire décrocher et me dire que c'est inutile.

FED

O'Cédar, t'es sans arrêt en contradiction !

O'CÉDAR

Justement, c'est ce qui me fout dedans. Parce que, même dans mes contradictions, j'pense être sincère.

FED. *Il sourit.*

Qu'est-ce que tu penses de Slin ?

O'CÉDAR

C'est mon ami. Mais y a des moments où il m'exaspère avec son enthousiasme. L'enthousiasme, c'est de la nervosité excessive.

À ce moment, Slin entre. Il chantonne. Il est gai. O'Cédar et Fed se regardent. On sonne à la porte. O'Cédar et Fed se lèvent d'un bond et vont se mettre de chaque côté de la porte. Slin ouvre. Un garçon d'une trentaine d'années entre. Il est très beau. Il leur rend leur salut.
C'est Régis.

RÉGIS

Salut à Vous, Secte puissante et maléfique. Le héros revient.

FED

Comme tous les héros…

RÉGIS, *d'une voix monocorde.*

Nous avons vogué à 12 000 mètres d'altitude, sur une mer de neige, voluptueuse et angoissante, débouchant sur l'Infini. Ce fut très beau.

FED, *de la même voix.*

Il pleut sur le monde et tous les cœurs sont fermés aux visiteurs.

O'CÉDAR, *continuant.*

… à partir de 5 heures…

Ils éclatent de rire et se serrent dans les bras l'un de l'autre.

RÉGIS

Lapom n'est pas là ?

SLIN

Il ne va pas tarder…

RÉGIS. *Il hurle.*

Je veux qu'il soit puni.

On sonne. Slin va ouvrir. Lapom entre.

TOUS, *en montrant Régis du doigt.*

Il veut que tu sois puni.

LAPOM, *ton théâtral.*

Jour après jour, je subirai l'humiliation pour avoir le droit d'être un homme.

RÉGIS

As-tu une excuse valable pour être en retard au service du soir ?

LAPOM

Au moment où j'allais traverser la rue, un troupeau de girafes est passé. Je leur ai laissé le passage.

RÉGIS

L'excuse est valable.

SLIN, *qui ne comprend pas.*

Un troupeau de girafes ?

Les autres se regardent avec un certain sourire.

RÉGIS

Ah, oui, c'est vrai. *(Un temps.)* On verra ça plus tard. Maintenant, il faut se mettre à table.

En silence, ils mettent la table et s'installent autour. Ils mangent de la soupe. Au bout d'un moment de silence.

SLIN

C'est comment le Sahara ?

O'CÉDAR

C'est plat et il y a du sable… *(Slin hausse les épaules.)*

LAPOM

Le sable, c'est pour boucher les trous.

FED

C'est plat, c'est jaune, y a du sable…

RÉGIS

C'est immense…

SLIN, *rêveur.*

L'aventure… Les voyages…

RÉGIS

Pauvre Slin ! l'aventure ? T'as pas besoin de voyager, c'est là ! *(Il se frappe la poitrine.)* … au fond du cœur…

FED

L'aventure, si tu l'as pas là… *(Il se frappe la poitrine.)* T'auras beau voyager toute ta vie, tu seras jamais qu'un touriste.

O'CÉDAR

Et les touristes, c'est les seuls qui voient jamais rien. Après les vacances, t'as des milliers de bonshommes qui, chacun de leur côté, font voir à leurs amis la même photo.

LAPOM

Le touriste, c'est un homme qui s'extasie sur la vétusté et le pittoresque d'une petite ville, mais qui fait une histoire du diable parce qu'il n'y a pas l'eau chaude dans sa chambre.

O'CÉDAR

De toute façon, le touriste, c'est un crétin. Et le voyageur c'est comme un aveugle qui parcourrait le monde pour trouver quelqu'un qui lui rende la vue.

RÉGIS

Quand t'as jamais voyagé, tu te figures toujours que tu vas trouver quelque part, dans le monde, quelque chose qui prouve que l'on a raison de vivre. J'ai trouvé, partout, la même résignation… alors…

FED

L'aventure, ce n'est pas le point de chute, ni ce qui différencie le point de départ du point d'arrivée, l'aventure c'est le temps qui sépare les deux…

RÉGIS

À l'arrivée… tu as quelques jours d'euphorie et puis, alors que t'es en train de chier, tu te dis : Mais je chie ! C'est là que tu décroches ! Chier à Paris ou à New York !

SLIN

Mais les voyages changent ?

FED

Ou c'est la montagne et ça monte et ça descend, ou c'est la plaine et c'est plat…

Non, tu vois, les paysages, de toute façon, ne sont jamais aussi beaux que tu l'espérais, que tu l'imaginais. Tu sais pourquoi Régis est parti au Sahara ?

SLIN

Non… pas exactement.

FED

Pour nous raconter son voyage. Tu sais, bien avant que tu sois ici, avec nous, nous sommes partis chacun notre tour, très loin, dans un pays pour, au retour, raconter notre voyage aux trois autres. Voilà… Régis était le dernier.

SLIN

Et alors, le résultat ?

RÉGIS

Partout c'est pareil ; rien ne change. Au bout, on crève…

SLIN, *sûr de lui.*

Mais, pour savoir ça, il n'y a pas besoin de partir. C'est la vie. C'est normal. C'est pour tout le monde pareil.

O'CÉDAR

Et tu trouves pas ça monstrueux que ce soit pour tout le monde pareil ?

FED

Et puis on te fait pas de cadeaux. Dès que tu sors du ventre de ta mère, on a si bien fait les choses que tu le sais tout de suite qu'au bout tu vas crever.

LAPOM

J'ai lu un jour, dans une revue, qu'un bébé qui venait de naître refusait de téter. Tu sais pourquoi ? Parce qu'il le savait déjà qu'il allait mourir, alors, il avait pas du tout envie de faire tout le chemin pour ce résultat.

Eh bien, tu sais ce que les autres ont fait ? Ils lui ont filé des sondes. Ils l'ont bourré de sang, ils l'ont forcé à manger, pour qu'il grandisse, pour qu'il vive, pour qu'il devienne un homme.

SLIN

Toi, vraiment, tu perds pas une occasion de dire n'importe quoi.

LAPOM, *gentiment.*

Oh oui, je sais, c'est pas toi qui aurais refusé de téter ! Oh non ! tu penses qu'à la bouffe.

SLIN, *vexé.*

Mais, toi aussi, t'as tété !

LAPOM, *avec un sourire.*

Oui, mais moi, ça n'a pas changé. Je tète toujours. J'suis bien que quand je tète.

RÉGIS. *Il sourit et se retourne vers Fed.*

Si tu devais choisir l'endroit où tu dois mourir, lequel tu choisirais ?

FED

J'l'ai dit à O'Cédar, tout à l'heure ; c'est un coin de champ, battu par la mer, quelque part en Normandie. J'aurais l'impression de m'endormir…

LAPOM

Mais tu as déjà été en Normandie ?

FED

Oui, j'avais quatorze ans. J'étais dans une colonie de vacances. Cette année-là, il faisait très chaud. Je me souviens que l'on restait des heures avec un camarade sur la voie ferrée. Elle était toute droite et on voyait de très loin les trains arriver. On allait là, surtout lorsqu'on avait le cafard et qu'on avait envie de se tirer.

Puis, un jour, on a obtenu la permission de se promener tout seuls.

J'ai dit qu'il faisait très chaud, cette année-là. Nous étions complètement assommés par le soleil. En longeant la mer, nous sommes arrivés dans un pré. La mer en battait l'herbe verte. Il y avait quelques pommiers. Nous nous sommes allongés. Nous sommes restés là jusqu'au soir sans nous parler. C'est là que je me suis rendu compte à quel point c'était bête et injuste de crever. J'étais si bien, j'ai pensé que le jour où je serai obligé de partir définitivement, je serai heureux que ce soit là, ma dernière station.

LAPOM

Dis donc, ton histoire, ça me rappelle les grandes prairies éternelles.

SLIN

Les grandes prairies éternelles ?

TOUS

Les Indiens ! ! !

O'CÉDAR

Moi, je choisirai un mur bien solide. Une voiture bien fragile. Je prendrai mon élan et hop : le grand bond. J'veux pas finir gâteux, tremblotant.

LAPOM

Moi, je pense que le jour où on en aura tous bien marre, on devrait se réunir, dans le pré à Fed, et s'en aller.

SLIN

S'en aller ? Comment ?

LAPOM

Eh bien, voilà. On part tous les cinq pour ce pré avec, chacun, un panier plein de bonnes choses à manger et une grande nappe blanche. On s'installe sur l'herbe et on fait un merveilleux pique-nique.

Avec le café, on avale quelques petits comprimés. On s'allonge parce qu'on a bien mangé, comme pour faire la sieste, avec le bruit de la mer qui t'endort… et on ne se réveille pas…

Ils ont fini de manger. Régis se lève et prépare le café, les autres fument.

RÉGIS

Moi, j'aimerais mourir dans les vaps. Tu vois, on est tous les cinq et on se met à fumer de l'herbe comme des fous… Ou alors, une bonne piqûre, juste ce qu'il faut pour être défoncés… et puis, comme dit Lapom, quelques petits comprimés… *(Il se retourne.)* Vous vous rendez compte ? Crever complètement défoncés…

SLIN

Mais il y a beaucoup de types qui sont morts comme ça…

RÉGIS

Je ne parle pas de mourir à cause de ça, mais d'être défoncés pour mourir…

O'CÉDAR

Comme une fête…

SLIN

Mais vous pensez qu'à la mort ?

LAPOM, *comme s'il lui faisait la leçon.*

L'avenir, pour certains, c'est après la mort. Pour nous, c'est avant, et comme d'avenir, on n'en a pas, qu'est-ce qui nous reste ? La mort. Il y aurait un autre truc marrant. C'est d'aller discuter tous les cinq, avec le croque-mort, de nos cercueils. Non, nous, on aimerait qu'ils soient plus grands ! Vous comprenez… Si nous avions de la visite… Tu vois sa tête ?… Si on avait de la visite ?

FED

On devrait se faire enterrer l'un à côté de l'autre. Comme ça, on pourrait se parler en morse. Tu sais : Toc toc toc, tac tac ? Comment tu te trouves ? Toc toc toc toc tac. C'est pas mal… Tic tac toc. Mais dis donc, vieux con, t'es pas mort ? Tic tac tic toc. Il y a plus de raison, j'ai trouvé une planque… Tic tic tic tic toc. Appelle donc Régis. Tac tac tic tic… Qu'est-ce qui se passe là-haut ? *(Un temps.)* Ce serait formidable, non ?

O'CÉDAR

C'est encore du travail s'y faut apprendre le morse avant de crever… Mais c'est une bonne idée.

LAPOM

Et puis, au bout de quelque temps, on ferait un trou dans le cercueil et on commencerait à creuser…

RÉGIS, *enchaînant rapidement.*

… des tunnels… on creuserait pendant des jours et des jours…

O'CÉDAR

Et on arriverait sur une île totalement inconnue des vivants…

FED

… en pleine mer inconnue, avec plein de girafes…

SLIN, *sûr de lui.*

Mais c'est le Paradis, ça !

Un léger temps. Silence.
Ils n'apprécient pas.

FED

Si on te voit sur cette île, c'est qu'on sera pas arrivés à la nôtre…

SLIN, *vexé.*

C'est drôle, quand même, je peux rien dire sans que vous vous mettiez en colère.

RÉGIS

Dis pas n'importe quoi, alors. Notre histoire à nous, c'est pas le Paradis. On tient pas à se retrouver avec des gens complètement dégénérés et qui sont morts.

SLIN, *comprenant de moins en moins.*

Mais, vous aussi, vous serez morts…

O'CÉDAR

Mais tu dis vraiment n'importe quoi, ce soir… On sera morts, parce qu'on fera semblant d'être morts. Comment veux-tu qu'on soit enterrés si on fait pas semblant d'être morts ? D'abord, si leur Paradis existe, comment y feront quand il y aura plus de place ; parce qu'en fin de compte y z'en balancent quand même pas mal, avec leur extrême-onction.

LAPOM

Crois-moi. Ça deviendra de plus en plus difficile d'y aller. Il faudra toujours faire plus. Et puis, quand il y aura vraiment plus de places, ils n'iront pas le crier partout. Non, ils attendront le moment où le quidam sera à quelques minutes de passer l'arme à gauche et ils lui feront un joli sourire en lui disant que sa vie n'a été qu'une suite de labeurs intéressés… intéressés. Que c'était pas pour être honnête sincèrement, mais simplement pour aller au Paradis, et qu'au Paradis on n'accepte pas les gens intéressés… *(Dans le mouvement.)* Passe-moi le sucre…

SLIN *lui passe le sucre.*

O'CÉDAR

Et cette île, où serait-elle ?

LAPOM

Peut-être bien dans le centre de la terre… à l'intérieur du globe, il y a une immense poche…

SLIN

Mais il n'y fait jamais jour ?

LAPOM

Abruti… D'où il vient, le soleil, à ton avis ?… Il vient de là !

SLIN *ne comprend rien. Il n'ose leur dire que tout ça n'est pas vrai, mais il essaie d'obtenir quelques précisions quant à savoir s'ils plaisantent tous.*

Mais enfin, vous êtes complètement fous. Le soleil fait le tour de la terre et lorsqu'il fait jour ici, il fait…

FED *l'interrompt.*

Tu crois à ces balivernes... Mais, décidément, tu comprendras donc jamais rien. Tu sais pourquoi tous les savants depuis des siècles disent la même chose que toi ?

Parce qu'ils n'ont pas compris d'où il venait le soleil ! Ils le voyaient disparaître et réapparaître. Alors, tout ce qu'ils ont trouvé de mieux comme explication, pour ne pas paraître ridicules, c'est de dire que la terre tournait autour du soleil. Il valait mieux ne pas mettre dans la tête des gens qu'il venait d'une poche à des milliers de kilomètres sous terre.

Sans ça, tu vois le spectacle, ils se seraient tous mis à creuser, pour avoir cette vision inoubliable...

Il se ressert du café. Slin est complètement ahuri. Il ne sait pas si ses amis plaisantent ou non. Un long silence. Régis regarde la pendule.

RÉGIS

Bon. C'est pas tout ça, mais il faudrait peut-être que vous vous sapiez pour la fête, ce soir.

SLIN

Quelle fête ?

RÉGIS

Ah ! c'est vrai. Tu connais pas nos fêtes, toi ?

SLIN

Non, c'est comment ?

O'CÉDAR, *gentiment.*

C'est deux claques si tu reposes une question. *(Il se retourne vers Fed.)* Tu viens, petit père, on va se saper. *(Ils sortent.)*

LAPOM

Moi, j'vais pisser.

Il sort.
Régis et Slin restent seuls en scène.

SLIN, *timidement.*

Je suis content que tu sois là.

RÉGIS

Je suis content de te revoir.

SLIN

Vrai ?

RÉGIS

Vrai.

SLIN

Tu sais, Régis, j'aurais aimé que tu sois mon frère…

RÉGIS, *très froid, soudain.*

Il y a des choses qu'on ne dit pas.

Slin reste un moment immobile, très gêné, puis sort en disant :

SLIN

Faut toujours que je gâche tout. Je vais acheter des sèches. *(Il sort.)*

RÉGIS, *seul en scène.*

Il est fin prêt pour la fête de ce soir…

On entend un bruit de chasse d'eau. Lapom entre.

LAPOM

J'y passerais des heures. C'est vraiment un des seuls endroits où t'es tranquille. C'est la béatitude, les chiottes. T'as l'impression qu'y peut rien t'arriver.

RÉGIS

Comme tu dis…

LAPOM, *après un temps.*

Dis donc, ça t'arrive jamais d'avoir l'impression d'être complètement impuissant ?

RÉGIS

Si… Mais où est le critère ? Il devrait exister des sexes artificiels et qu'elles s'en aperçoivent pas, parce que je crois qu'il doit y avoir beaucoup de types impuissants.

LAPOM. *Il regarde de gauche à droite comme s'il ne voulait pas qu'une personne étrangère à la maison l'entende.*

C'est à cause des marchands de poisson…

RÉGIS

On devrait tous les tuer…

LAPOM

Peut-être bien qu'on le fera…

RÉGIS

Peut-être bien…

Slin entre.
Plusieurs paquets de cigarettes à la main.

SLIN

J'ai croisé le marchand de poisson…

Régis et Lapom bondissent sur lui et, en commun :

RÉGIS et LAPOM

Et alors ?

SLIN, *qui n'a pas encore la haine du marchand de poisson… Encore étonné par la voiture.*

… quelle bagnole il se paie…

LAPOM, *en s'écartant. Il se prend la tête dans les mains.*

Oh ! là là là !… Quel con…

SLIN

Qu'est-ce que j'ai encore fait ?

RÉGIS

Justement, t'as rien fait.

SLIN

Qu'est-ce qu'il fallait que je fasse ?

LAPOM

Va savoir…

RÉGIS

Si tous les marchands de poisson mouraient dans la nuit, qu'est-ce qui se passerait ?

SLIN

… ?

O'Cédar et Fed entrent habillés. Ils n'ont rien entendu de la conversation.

O'CÉDAR

L'air serait plus respirable…

FED

On pourrait plus acheter de poisson…

Slin, complètement ahuri, les regarde à tour de rôle.

SLIN

Vous êtes obsédés par les poissons ?

FED, *très froid.*

Non, par ceux qui les vendent.

SLIN

Mais pourquoi ?

LAPOM, *ne voulant pas se perdre en explications, de toute évidence de mauvaise foi.*

Il y a pas de raison que les marchands de poisson aient des voitures américaines.

SLIN

C'est pas une raison pour les haïr comme vous le faites.

O'CÉDAR, *lui aussi, de mauvaise foi.*

Oh ! mais dis donc, tu commences à nous courir, hein ! Lapom a dit qu'il y avait pas de raison que les marchands de poisson aient des voitures américaines !

Alors, tu vas pas nous faire un discours sur les droits du marchand de poisson. Il a aucun droit… si tu comprends pas ça…

SLIN. *Il abandonne.*

Non, je comprends pas…

RÉGIS, *flegmatique.*

L'emmerdant, c'est que c'est maintenant que tu devrais comprendre… Tu me diras : que tu comprennes ou que tu comprennes pas, cela va pas nous empêcher de nous saouler comme des fous ce soir.

NOIR

Le décor représente un bar. Au bar Slin, Régis, Fed, O'Cédar et Lapom. Ils sont déjà un peu saouls.

RÉGIS, *au barman.*

Tu te dis, ces jeunes cons, y me font chier… T'as raison.

TOUS

On te fait chier.

RÉGIS

Tu te dis : Ces jeunes cons, y vont pas rester là toute la nuit, quand même ? T'as tort. On va rester toute la nuit.

TOUS

On va rester toute la nuit.

RÉGIS, *en le dévisageant avec insistance.*

Tu sais à quoi tu ressembles ? À un crapaud. Mais t'as de la chance, nous aimons les crapauds, parce que ce sont les seuls êtres humains qui vivent dans leurs excréments, sans honte.

TOUS, *gentiment.*

Nous aimons les crapauds.

O'CÉDAR, *d'une voix neutre.*

As-tu vu le troupeau de girafes, ce soir, dans la rue ?

BARMAN, *ne comprenant pas.*

Le troupeau de girafes ?

RÉGIS, *surpris.*

Lapom, aurais-tu menti ? Le troupeau de girafes ne serait-il pas passé ?

LAPOM, *vexé.*

Le troupeau de girafes est passé ce soir, comme d'habitude, à 7 h 17 très exactement.

RÉGIS, *rassuré.*

Je me disais aussi… Leur chef t'a-t-il dit à quelle heure ils repasseraient ?

LAPOM

Au petit jour.

RÉGIS

Eh bien, nous resterons avec Monsieur jusqu'au petit jour et nous lui ferons voir le troupeau de girafes. D'abord, c'est comment une girafe ?

BARMAN. *Il les regarde tour à tour en hésitant, puis sûr de lui.*

C'est jaune, avec des taches noires…

FED

Non, celles-là, c'est celles des touristes. Les nôtres sont rouge sang.

BARMAN, *de plus en plus anxieux.*

Rouges ?

TOUS, *avec un parfait ensemble.*

Rouges ! ! !

Slin ne dit rien. Il ne comprend toujours pas. Un vieux monsieur très distingué entre. Il est très triste.

MONSIEUR, *poliment, tristement.*

Je m'excuse de vous déranger, vous n'auriez pas vu un buffle ? J'ai perdu mon buffle.

O'CÉDAR

De quelle couleur ?

MONSIEUR

Bleu ciel.

O'CÉDAR. *Il réfléchit un moment.*

Ah non. Bleu ciel, non…

MONSIEUR, *avec espoir.*

De quelle couleur était celui que vous avez vu ?

FED

Vert.

MONSIEUR

Mâle ou femelle ?

LAPOM

Femelle, je crois.

MONSIEUR. *Il hoche la tête.*

C'est bien ce que je pensais.

SLIN, *ne comprenant toujours pas, complètement abasourdi.*

Ce que vous pensiez ?

MONSIEUR

Voyez-vous, cela faisait quelques jours qu'elle m'en parlait.

SLIN, *comprenant de moins en moins.*

Qui ?

MONSIEUR

Mon buffle ? Je me doutais bien qu'elle irait le rejoindre !

RÉGIS, *avec compréhension.*

Ah, la solitude…

MONSIEUR, *doucement, tendrement.*

Surtout qu'on était bien, ensemble…

FED

Nous n'en doutons pas.

MONSIEUR, *avec la voix du plus beau des souvenirs.*

L'année dernière, nous avons été à Venise. Quel beau voyage…

SLIN, *de plus en plus ahuri.*

À Venise ? Avec un buffle ?

MONSIEUR, *se retournant vers les autres.*

Votre ami est bien jeune. Bonsoir, messieurs. *(Il sort.)*

LAPOM

Pauvre homme ! C'est dur de se retrouver tout seul, à son âge.

O'CÉDAR, à *Slin.*

Tu vois ce que je t'avais dit ? Quand t'es vieux, t'es plus rien.

RÉGIS

Il ne lui reste plus que le suicide…

FED

Et encore…

LAPOM, *pour ne pas céder à la tristesse, regardant le barman.*

Ce barman est bien triste. Cher monsieur, voulez-vous que Régis vous prépare et vous offre un cocktail de ses recettes ?

BARMAN

J'ose pas… J'bois jamais pendant le service.

LAPOM

Osez…

BARMAN

Puisque vous me le dites.

FED, *d'un ton qui n'admet pas de réplique.*

On vous le dit.

RÉGIS

Je voudrais tous les alcools blancs que vous avez.

Le barman lui donne plusieurs bouteilles. Régis prépare le cocktail avec maestria.

LAPOM, *en habitué.*

Et du fond de ce verre vont surgir mille années de rêves et de bonheur. *(Régis tend le verre au barman.)*

RÉGIS

Bois…

Le barman hésite, les regarde, puis, d'un seul coup, boit. Il reste un long moment immobile, puis, comme un fou, se précipite sur les bouteilles et se prépare un autre verre, en disant :

BARMAN

C'est bon…

SLIN, *timidement.*

Je peux avoir aussi ?

BARMAN, *soudain possessif.*

Y peut, lui aussi ?

O'CÉDAR

Il peut.

Le barman prépare deux verres. Slin ne le quitte pas des yeux. Pendant ce temps-là, les autres se sont mis à dessiner par terre un jeu de marelle. Le barman et

Slin avalent leur verre. Il faut qu'ils mettent suffisamment de temps pour permettre aux autres de finir de dessiner la marelle.

BARMAN

Qu'est-ce que c'est ?

RÉGIS

La marelle.
(À O'Cédar.)
Si tu rates cette case, tu n'iras pas au Ciel. *(Silence.)*

O'CÉDAR

Lequel ?

RÉGIS

Pas celui de l'autre con, bien sûr. *(Il montre le ciel.)* Celui des girafes.

O'CÉDAR

Je joue pas.

FED

T'es obligé, petit père.

O'Cédar les regarde, puis, brusquement, saute.

RÉGIS

Raté.

FED

Tant pis…

O'Cédar hésite, puis…

O'CÉDAR

C'est qu'un jeu.

FED, *sans chercher à le convaincre.*

Tu sais très bien que c'est pas un jeu.

LAPOM

Oui, tu le sais.

O'CÉDAR, *cherchant quelque chose à dire.*

… J'ai des petites jambes…

LAPOM, *flegmatique.*

Fallait faire des carreaux plus petits. C'est un signe du Destin.

O'CÉDAR

Je peux pas recommencer ?

RÉGIS

Tu peux pas. *(O'Cédar, en silence, va s'asseoir, Fed saute.)* Raté.

LAPOM

Dommage.

Fed va s'asseoir à côté d'O'Cédar. Lapom saute.

O'CÉDAR

Raté.

FED

Y a pas de raison.

Lapom va rejoindre O'Cédar et Fed.
Régis saute.

TOUS

Raté.

Régis avec beaucoup de dignité va s'asseoir avec eux. Slin s'est approché du jeu.

RÉGIS

À toi.

SLIN, *inquiet.*

Je veux pas jouer.

FED

Tu veux pas savoir ?

SLIN, *buté.*

Non.

O'CÉDAR

Tu veux rester sans savoir ?

SLIN

J'y crois pas à vos histoires de girafes…

FED

Fous le camp, alors.

O'CÉDAR

Tire-toi.

LAPOM

On t'a assez vu.

RÉGIS

Dommage…

Slin les regarde. Ils restent impassibles. Brusquement Slin saute.

TOUS

Raté.

SLIN, *en essayant de sourire.*

C'est qu'un jeu…

RÉGIS

C'est qu'un jeu.

SLIN, *pas très sûr.*

C'est pas sérieux…

FED, *comme si sa question était sans importance.*

Alors, pourquoi n'as-tu pas joué tout de suite ?

SLIN

…

FED. *Il hurle.*

Réponds, nom de Dieu !

SLIN, *affolé, espérant mettre un point final aux questions.*

Parce que j'aime pas jouer…

Moi j'vais te dire pourquoi. Comme un con, tu croyais que l'autre là-haut *(Il montre le ciel.)* dans son bain de coton, attendait ta réaction pour savoir c'qu'il allait faire de toi.

Eh ben, j'vais t'le dire ce qu'il va faire de toi. Y va te faire vieillir, jusqu'à c'que tu tombes dans le plus profond des désespoirs. Et puis, quand il sentira le moment venu pour t'enfoncer davantage, y te fera baver, laisser ta morve couler sur ton menton, parce qu'y aura personne pour te l'essuyer, ton nez ! Et puis, un aut'jour, y te fera faire dans ton pantalon, parce qu'y aura personne pour t'aider à marcher. Y te rendra gâteux, tu pourras même plus te souvenir de tes souvenirs. Les jours et les nuits n'auront plus de différence. Tu voudras penser. Mais plus possible. Quand tu crèveras, il te rendra ta lucidité pour que tu puisses bien te rendre compte que tu vas crever. *(Un temps.)* C'est ça qu'tu veux ? Alors que si tu vas pas au Ciel, eh ben, crois-moi, il enrage, y gueule, y trépigne. Mais, manque de pot, trop tard. Les mensonges finissent toujours par se savoir. C'est c'que tu voulais ?

SLIN, *tristement, il a beaucoup bu.*

Le salaud…

FED

Comme tu dis.

Le barman est ivre mort. Écroulé sur le bar, un doux sourire aux lèvres. Fed s'installe par terre. Avec son manteau et deux chaises, il construit une tente et s'assoit à l'arabe. Un long moment de silence. Slin est effondré sur une chaise. Régis et Lapom continuent à boire. O'Cédar marche de long en large.

O'CÉDAR. *Il hurle.*

Mais, bon Dieu, on va pas rester comme ça toute la vie. Y en a bien une qui va nous aimer.

LAPOM, *sortant d'un rêve.*

Si nous rencontrions une fille qui nous propose de nous aimer tous les cinq, sincèrement, chacun notre tour. Lorsqu'elle serait avec l'un, elle ne lui parlerait pas de l'autre. Mais il y aurait une seule règle : nous ne pourrions, ni les uns ni les autres, arrêter avant cinq ans. Qu'est-ce que vous en pensez ?

RÉGIS

C'est une bonne idée. Surtout qu'il est plus facile de trouver une fille qui nous aime tous les cinq plutôt qu'une chacun.

O'CÉDAR, *déjà d'accord sur le principe.*

On aurait droit à combien de jours chacun ?

LAPOM

Trois. C'est bien, non ?

SLIN

Mais vous êtes complètement fous. Jamais cela ne marchera. Il y en aura toujours un qui sera plus amoureux que l'autre.

FED, *très calme.*

Ça s'appelle péter plus haut que son cul.

Le barman a relevé la tête. Il se met à parler.

BARMAN

Un troupeau de girafes qu'il a dit ? J'serais bien content qu'elles reviennent, parce que moi, j'en ai jamais vu, des girafes… *(Il réfléchit.)* Peut-être qu'y en aura une qui voudra bien rester avec moi… Ouais, mais c'est pas sûr… J'suis qu'un barman…

Fed l'interrompt.

FED

C'est pour ça qu'elles sont formidables, les girafes. Elles s'en foutent que tu sois barman.

BARMAN

C'est vrai ? Alors, j'ai des chances ?

LAPOM

T'as toutes les chances.

BARMAN, *brusquement redevenu méfiant.*

Mais, puisqu'elles sont si formidables que ça, les girafes, pourquoi qu'il en reste ?

RÉGIS

Il n'y a pas beaucoup de gens qui voient des girafes. Et ceux qui en voient, ils les prennent en photo. Et ça, crois-moi, elles n'apprécient pas.

BARMAN

Avec moi, elles ont rien à craindre. J'ai pas d'appareil. *(Il reprend songeur.)* Ah, bon Dieu... si y en avait une qui voulait bien rester avec moi... Parce que moi, j'en ai marre d'être seul. Alors, une girafe... Les femmes, elles me regardent pas. J'suis qu'un barman. Une fois, j'suis sorti avec une fille qui faisait le même boulot que moi. Eh ben, elle ne parlait que de pourcentage, que de service. Mais c'était la seule fille que j'pouvais fréquenter... *(La bande ne comprend pas.)* Ben... bien sûr ! On avait les mêmes horaires. Vous, vous travaillez pas, vous pouvez pas savoir c'que c'est, les horaires...

Et puis, au bout d'un mois, elle en a eu marre...

FED

Elle en a eu marre ?

BARMAN

Oui… Enfin, elle est partie. Elle plaisait bien à un d'ses clients. Comme j'pouvais pas en trouver une autre qui veuille de moi, j'ai été voir les putes. C'est des filles formidables. Y en a qui sont un peu brusques. Mais j'en avais trouvé une qui était très douce. De temps en temps, on faisait même pas l'amour. On parlait…

LAPOM

Mais tu payais quand même ?

BARMAN

Bien sûr. Elle disait comme ça : « il ne faut pas mélanger l'amour et les affaires. J'aime bien parler avec toi, mais pendant ce temps-là, j'perds un autre client. » Et puis, un jour, elle a disparu…

O'CÉDAR

Les putains, c'est les seules femmes qui savent pourquoi elles baisent. C'est aussi les seules qui ont enfin compris à quoi elles servent.

FED

Les putains, c'est plus utile que les psychiatres.

SLIN

Oui, mais comme les psychiatres, en vous retirant un complexe, elles vous en font découvrir dix autres…

SLIN, *poursuivant, comme une idée fixe.*

Vous êtes malheureux parce que vous êtes égoïstes. Les femmes aiment la générosité, parce qu'elles sont généreuses. Vous, quand vous faites l'amour, c'est tout simple.

Vous désirez, vous jouissez. Les femmes, elles, c'est plus beau. Elles donnent leur corps, leurs entrailles, leur sang. Je suis sûr que, lorsque vous avez fait l'amour, tout le reste vous écœure. Les périodes féminines vous dégoûtent, l'image d'une femme accomplissant les mêmes actes intimes que les vôtres vous écœure. C'est parce que vous êtes des monstres d'égoïsme. Vous seuls avez tous les droits.

Comment voulez-vous qu'une femme vous rende heureux ? Lorsqu'on est pas capable d'accepter les faiblesses d'un être humain, les mêmes que les siennes, on n'a pas le droit d'être un homme et de vivre.

Silence. Ils se regardent. Régis se sert un verre, et...

RÉGIS

Écoute-moi, Slin. Je vais te donner un conseil. Ta morale, on en a rien à foutre. Va parler de tes beaux projets dans quelques cafés littéraires. Là, tu trouveras bien quelques personnes qui te trouveront immensément bon et humain, quoique j'en doute. Les Intellectuels n'aiment pas beaucoup les hommes. Ils préfèrent leurs problèmes personnels.

Je suis bon, moi aussi. Mais là, au fond du cœur, ça ne regarde personne. Je hais les gens qui font de l'exhibitionnisme avec leurs sentiments. Je ne veux pas être obligé de m'attendrir et je n'aime pas les gens qui tentent de m'y obliger.

La seule morale à laquelle je cède, c'est la mienne ! Regarde les gens. Ils vont à l'église pour remercier Dieu de leur avoir donné la vie, de leur donner le pain de chaque jour. Le pain de chaque jour, pourtant, c'est eux qui se crèvent à le gagner. En échange, on leur donne l'extrême-onction.

O'CÉDAR

Et y sont contents, les sinistres !

FED

Alors que la seule chose qu'il ait apprise aux hommes, c'est comment faire la guerre aux êtres qui savent le mieux vivre. Et tout ça, sous prétexte de sous-alimentation.

On leur envoie des missionnaires qui leur disent que leur Dieu, il est bidon. Que le nôtre est bien mieux et tout le bla-bla-bla. Puis, quand tout est bien mélangé dans leurs têtes et qu'ils ne comprennent plus rien, on leur donne des coups de bâton en disant qu'ils ne comprendront jamais rien, et qu'avec ces races, c'est le seul moyen.

Ils veulent rester seuls. Mais nous, on a peur qu'ils n'aient pas bien compris. Alors, on insiste. On reste, parce qu'on s'est installés de père en fils. Et puis on dit : mais nous sommes chez nous ! Eux reprennent leurs vieilles coutumes qu'ils n'ont pas oubliées. Alors, là, on s'indigne : Quelle bande de sauvages. Ils n'ont aucune reconnaissance. On a tant fait pour eux. Voilà comment ils nous remercient. Mais faire quelque chose pour un homme, c'est lui laisser le choix.

O'CÉDAR

Le choix, on t'le laisse jamais.

Lapom lève le doigt comme les enfants à l'école.

FED

Le colonialisme, c'est comme péter plus haut que son cul.

Lapom lève toujours le doigt.

RÉGIS

Stop ! Lapom veut parler.

LAPOM

Laissons pousser la barbe aux missionnaires et continuons à construire notre nouveau monde. Je viens d'avoir une idée. Voilà, l'argent ne devrait plus exister. On devrait faire des échanges…

SLIN

Des échanges ?

LAPOM

Ben oui ! Un type qui travaille dans une fabrique de voitures, par exemple, eh bien, il ne serait pas payé. Il pourrait échanger une voiture contre tout ce dont il aurait besoin, pour vivre pendant une année.

Moi, si je suis cultivateur et toi, éleveur de visons, eh bien, je t'échange six mois de pommes de terre contre un manteau de vison pour ta femme, le boucher te donnerait trois mois de viande contre un castor.

Toi… *(Il se retourne vers Fed.)* … Si tu tiens un café dans une station de sports d'hiver, tu échangeras contre ce que tu veux un mois de consommations. Comme ça, tout pourrait redevenir juste. Et la vie serait douce pour tout le monde : pour les ouvriers, les fonctionnaires, les artistes.

O'CÉDAR

Et le Président du pays ?

LAPOM

Tout lui serait assuré pendant la durée de son mandat.

O'CÉDAR

Comme maintenant quoi !

LAPOM. *Il hausse les épaules.*

Non, parce que là, on pourrait vérifier.

SLIN

Vous êtes complètement fous. Vous voulez transformer le monde en un immense kolkhoze.

LAPOM

Pauvre crétin ! Ça ne serait, bien sûr, que pour le matériel.

FED

Ce serait la fin des pignoufs. Plus de fausses valeurs !

BARMAN

Et moi, qu'est-ce que j'deviens dans tout ça ?

RÉGIS

Toi, tu pars faire le tour du monde avec ta girafe.

BARMAN

Vous vous foutez de moi ! Comment vous pouvez savoir si y en a une qui sera amoureuse de moi ?

RÉGIS

Parce que t'es un brave type.

BARMAN

Ouais, j'suis un brave type… *(Il est interrompu par l'entrée d'un homme.)*

HOMME

Garçon ! Une bière. Bouteille, s'il vous plaît. *(Il regarde Fed, toujours par terre.)* Ça ne va pas ?

FED

Ta gueule !

HOMME. *Vexé.*

En faisant quelques pas en arrière.

Je demandais ça comme ça…

O'CÉDAR

Y faut pas demander comme ça…

L'homme se retourne vers le barman.

HOMME

Ces jeunes gens ont l'air bien agressifs.

BARMAN

Ta gueule !

HOMME

Quoi ? Vous êtes fous ! Où est votre patron ? Vous allez voir, si vous allez continuer à m'insulter…

O'Cédar et Régis se sont rapprochés de lui. O'Cédar lui prend sa pochette et se mouche dedans.

RÉGIS

Profession ?

HOMME

Ça ne vous regarde pas !

FED

Profession ?

HOMME

Mais on ne se connaît pas…

SLIN

Où ai-je vu ce type ?... Ça y est. J'y suis. C'est le marchand de poisson, celui qui a une énorme bagnole.

Un long silence. Ils regardent tous. Fed se lève et se rapproche du groupe.

FED

Alors Monsieur est marchand de poisson ?

HOMME

Oui, et alors ?

RÉGIS

Vraiment marchand de poisson ?

HOMME

Oui...

LAPOM

Vous êtes marié ?

HOMME

Oui, avec une carpe.

RÉGIS

Avec une carpe, vraiment ?

HOMME

Oui, ça vous étonne ?

O'CÉDAR

De la part de la carpe, oui.

HOMME

Oh mais, rassurez-vous, elle est très heureuse…

Le barman, ivre mort, balbutie.

BARMAN

Moi, j'suis amoureux d'une girafe…

L'homme a un geste de mépris.

RÉGIS

Mais… pour procréer ?

HOMME

Aucun risque. Elle peut pas avoir d'enfant. Ça tombe bien, je déteste les enfants.

O'Cédar n'a pas quitté l'homme des yeux.

O'CÉDAR

Ça faisait longtemps que j'voulais être en face de toi.

HOMME, *surpris.*

Ah oui ? vraiment ?

O'CÉDAR

Ouais, vraiment. Te voilà, enfin. J'vais pouvoir faire quelque chose qui m'démangeait depuis longtemps.

HOMME

Quoi donc, jeune homme ?

O'CÉDAR

Te faire la peau !

HOMME, *un peu inquiet,*
mais ne comprenant pas.

J'adore ce genre de plaisanterie. Ha ! Ha ! Ha !

FED

C'est pas une plaisanterie.

HOMME

Ah ! C'est pas une plaisanterie ? Alors, c'est encore plus drôle… *(Comprenant soudain.)* … C'est pas une plaisanterie ? Mais qu'est-ce que je vous ai fait ?

RÉGIS

Tu as tué notre amour.

HOMME

Mais je ne vous connais pas… C'est pas possible…

LAPOM

Moi aussi, tu m'as fait du mal.

FED

À nous tous…

HOMME

Mais, enfin, expliquez-vous ? Je ne comprends pas…

O'CÉDAR

J'vais te raconter une histoire. C'est un jour où il fait très beau, très chaud. Tu te promènes. Tu tiens par la main la fille avec qui t'es bien. T'as envie d'être dans ses bras… Tu la désires. T'as envie d'être seul avec elle. Vous décidez de rentrer chez toi. Il fait très chaud. Puis, dans la rue, sur le chemin, un étalage de poissons. Tu te méfies pas, tu passes devant et, d'un seul coup, tes belles visions se transforment en images nauséabondes, en saloperies, en pourriture. Tu laisses la fille là, seule au milieu de la rue, parce que c'est plus possible. T'as peur. Et la fille aussi, elle a peur, parce que les mêmes images lui sont venues. *(Un temps.)* Tu comprends, maintenant ?

HOMME

C'est des histoires de mômes, tout ça !

FED

Là où ça se complique, c'est que nous on est bien comme on est. On veut pas vieillir.

LAPOM

Tu nous casses notre planète.

RÉGIS

Tu n'es qu'un casseur de planète.

SLIN, *qui croit avoir trouvé un allié.*

Vous voyez ! Il dit la même chose que moi.

FED

Ta gueule toi ! Ça ne te regarde plus.

O'CÉDAR, *au marchand de poisson.*

Ton adresse…

HOMME

Pourquoi ? J'n'ai pas à vous donner mon adresse. *(Fed lui arrache son portefeuille.)*

FED

Maintenant, tu sais ce qu'on va faire ?

HOMME

Non…

FED

Eh bien, on va aller chez toi et on va vider toute l'eau du bocal de ta carpe.

HOMME

Vous pouvez pas faire ça ! Elle est si douce. Non, j'suis sûr que vous pouvez pas faire ça. J'vous en supplie.

RÉGIS

Il y a une autre solution.

HOMME, *avec espoir.*

Laquelle ?

RÉGIS

Eh bien, tu vas jurer devant nous : Je fermerai boutique et je vendrai plus jamais de poisson.

O'CÉDAR, *violemment.*

Non… Non ! Il faut le tuer !

RÉGIS

Calme-toi. Laissez-moi faire. *(Il se retourne vers l'homme.)* Alors qu'est-ce que vous décidez ?

HOMME

Si j'le fais, vous ne tuerez pas ma carpe ?

RÉGIS

Nous n'avons qu'une parole. *(L'homme hésite. Puis…)*

HOMME

Je jure que j'fermerai ma boutique et que j'vendrai plus de poisson.

FED, *froid.*

Je vous préviens, on vous aura à l'œil.

O'CÉDAR, *hargneux et sceptique.*

J'vous dis que c'est un traître. Y faut pas le laisser sortir vivant d'ici.

RÉGIS, *à O'Cédar.*

J'te jure que, s'il ne respecte pas son serment, nous le tuerons lui et sa carpe. Je te le jure.

Le barman qui s'était endormi sur le bar lève la tête.

BARMAN

Et les girafes… Elles vont pas venir… ? Et puis, même si elles venaient… Qu'est-ce que j'vais leur dire ? J'ai jamais parlé à une girafe !

FED, *gentiment.*

C'est facile. Tu t'approches de celle que tu trouves la plus belle. Mais… ne sois pas brusque, elles sont très timides. Tu lui dis comme ça : « J'aime vos grands yeux »… Tu vas voir, elle va battre des cils et détourner la tête…

BARMAN

Mais elle va pas me trouver audacieux ?

FED, *gentiment.*

Mais non. Après, tu lui dis qu'elle a de longues et belles jambes et que, bien sûr, tu aimes les longues jambes.

BARMAN, *sceptique.*

J'peux pas lui dire ça, comme ça… tout de suite ?

RÉGIS, *avec patience.*

Bien sûr que si, puisqu'on te le dit.

FED

Après, tu lui dis qu'elle a une belle peau…

BARMAN

J'oserai jamais…

RÉGIS

Mais n'aie pas peur, elles sont très gentilles.

BARMAN

Et après, qu'est-ce que j'fais ?

LAPOM

Après, ça te regarde. Ce qu'on te demande, c'est de nous tenir au courant. Tu nous téléphones de temps en temps pour nous dire si tu es heureux…

BARMAN

Ça, j'veux bien. On restera amis, alors ?

LAPOM

Bien sûr, pourquoi pas ?

BARMAN

À partir d'aujourd'hui, j'envoie tout chier. J'irai où je voudrai. Attendez, j'vais lui dire, moi, à mon patron : j'l'ai assez vu ta tronche, t'entends bien, oui, j'en ai marre de ta tronche. Ton bar, c'est de la saleté. Je fous le camp. Oui, je fous le camp à la campagne avec ma girafe…

Pendant ce temps, l'homme lui aussi a beaucoup bu. Il se lève.

HOMME

Y s'fait tard. Il faut que j'aille retrouver ma carpe et que je prenne mes dispositions pour trouver un autre job. Vous pouvez me croire, j'respecterai mon serment. J'peux partir ?

RÉGIS

Il peut partir ?

FED

Oui.

LAPOM

Oui.

SLIN

Oui.

RÉGIS. *Il se retourne brusquement.*

Toi, tu n'as plus la parole.

O'CÉDAR. *Il regarde l'homme droit dans les yeux.*

Tu peux partir. Mais fais bien attention. Dis-toi que nous te surveillons.

L'homme hoche la tête et sort. Un temps…
Slin furieux.

SLIN

Vous pouvez être fiers. Vous avez obligé un homme, en quelques minutes, à abandonner son job. À l'autre, vous avez promis le Paradis. Ah ! vous pouvez être fiers de vous. Je regrette vraiment d'être votre ami. Et vous avez fait ça pourquoi ? Pour prouver quoi ?

Ils se regardent en silence. Fed s'approche de lui, menaçant.

FED

Écoute bien, petit gars. On t'aime bien, tu sais. Mais maintenant, j'en ai marre de ta morale. C'est pas parce que t'es jeune et plein d'enthousiasme qu'on va te faire des cadeaux. Qu'est-ce que tu crois démontrer avec tes belles paroles : qu'on est des bons à rien. Il te faut des choses bien établies pour faire ta vie. Quant à ton amitié, on se la fout au cul dorénavant. Tu peux la garder et te faire la valise. Tu n'es qu'un jeune jésuite tout rose… encore des choses qu'on lui a chuchotées à l'oreille.

D'ailleurs, tu n'as jamais été notre ami. Nous t'épations. Ça te sortait de ton petit nid bien chaud. Tu faisais ta révolution sur notre dos, jusqu'au jour où ta petite bête, morale, s'est réveillée. Elle t'a dit que c'étaient des choses qui ne se faisaient pas… *(Un temps.)* Maintenant, tu peux te casser si tu veux. *(Ils approuvent tous.)*

SLIN

Je n'ai pas besoin de votre permission pour partir. *(Gêné.)* De toute façon, nous nous retrouverons à l'appartement…

LAPOM

C'est ça…

Slin sort.
Silence.

FED

Non mais…

RÉGIS

C'est vrai ça… Il est dégueulasse…

O'CÉDAR

Hum…

Le barman se met à hurler.

BARMAN

J'offre une tournée générale.

Ils se détendent.

TOUS

C'est une bonne idée.

RÉGIS

Dommage, je l'aimais bien, ce petit…

On frappe à la porte du bar. Lapom va à la porte. Il ouvre la porte.

LAPOM

Oui ?… Qui êtes-vous ? *(Un temps.)* Ah oui… Pourquoi ne rentrez-vous pas ? Bien sûr… La porte est trop étroite… *(Un temps.)* Je ne sais pas où il est ! Mais il faut absolument que vous le retrouviez… Il avait beaucoup de peine… *(Un temps.)* Et il faut que vous lui demandiez pardon. À cette heure, il doit être très malheureux… *(Un temps.)* Oui, je comprends… le démon de midi guette tout le monde… *(Un temps.)* Bien sûr que nous lui dirons s'il revient… *(Un temps.)* Au revoir et bonne chance.

Lapom referme la porte et revient vers les autres.

FED

Qui était-ce ?

LAPOM

Ah oui… C'est le buffle bleu ciel.

RÉGIS

Le buffle bleu ciel... Ah... Noémie...

O'CÉDAR

Noémie ?

RÉGIS

Ben oui, le buffle du vieux monsieur de tout à l'heure. Qu'est-ce qu'elle voulait ?

LAPOM

Elle regrette d'être partie avec le buffle vert. Celui-ci est un buffle de mauvaise vie. Elle s'en est aperçue quand l'autre lui a proposé de faire un voyage en Amérique du Sud.

FED

On sait comment ça se termine les voyages en Amérique du Sud. *(Long silence. Ils ne bougent pas.)* La nuit est bonne...

O'CÉDAR

J'voudrais qu'elle ne finisse jamais.

LAPOM

On a de bonnes raisons…

RÉGIS

Comme tu dis.

LAPOM, *d'une voix monotone.*

Adam et Ève, enfin réunis, s'ennuyaient sur terre. Un jour, du Ciel, pour les distraire, Dieu leur envoya des prospectus sur lesquels on pouvait lire COMMENT FAIRE L'AMOUR. Adam les regarde un instant, puis les jette.

Dix ans plus tard, Dieu voyant qu'ils s'ennuyaient toujours leur envoya d'autres prospectus : COMMENT AVOIR DES ENFANTS. Adam s'attarde sur les feuillets quelques instants puis les jette.

Vingt ans plus tard, Adam et Ève sont devenus très vieux, gâteux ; alors, du Ciel, tomba une pluie de prospectus sur lesquels on pouvait lire : COMMENT APPRENDRE À LIRE.

FED

Ce fut son premier miracle…

Fed est interrompu par la sonnerie du téléphone. Le barman décroche.

BARMAN, *vers Régis.*

C'est pour vous.

RÉGIS

Allô… Allô… *(Aux autres.)* C'est l'homme qui avait perdu son buffle…

Oui… eh bien tant mieux… Je suis très heureux pour vous… *(Aux autres.)* Il est rentré chez lui et a retrouvé son buffle… Nous sommes très heureux pour vous… *(Aux autres.)* Ils repartent en voyage… Eh bien… bon voyage… oui, bien sûr… Je comprends que vous soyez ému… Au revoir et bonne chance… *(Il raccroche.)*

FED

Je suis content pour lui.

LAPOM

Ouais, c'est un brave type, et un brave buffle…

Ils sont interrompus par l'entrée bruyante d'un Noir en costume traditionnel – sari. Slin, piteux, porte ses valises. Le Noir va s'asseoir au bar. Il se met à parler tout seul.

NOIR

Y en a marre... mais vraiment marre. *(La bande le regarde.)* C'est qu'il y en a partout... C'est plus possible...

RÉGIS, *à Slin.*

Qui est-ce ?

SLIN, *à voix basse, gêné.*

Je l'ai rencontré dans la rue...

Il est arrêté par la voix du Noir de plus en plus forte.

NOIR

... Alors t'apprends à écrire, à lire, pour devenir comme les autres... et puis non... Ah non, y en a marre...

FED

Mais qu'est-ce qu'y radote ?

SLIN, *de plus en plus gêné.*

C'est au sujet des girafes…

NOIR

Y a même plus moyen de se promener tranquillement, pardi, y en a partout…

Régis s'approche de lui.

RÉGIS

Qu'est-ce qui se passe ?

NOIR

Qu'est-ce qui se passe ? Qu'est-ce que vous avez à la place des yeux ? Vous voyez donc pas qu'y en a partout.

RÉGIS

Quoi ?

NOIR

Ben, des girafes… partout…

RÉGIS

Vous n'aimez pas les girafes ?

NOIR

Ça n'a rien à voir. J'ai appris à lire, à écrire, j'ai fait des études. C'est pas pour m'retrouver encore au milieu des girafes !

RÉGIS

Oui, bien sûr, je comprends. C'est à vous ces valises ?

NOIR

Oui.

RÉGIS

Vous partez ?

NOIR

Oui, je retourne dans mon pays.

FED

Mais dans votre pays, il y en a plein de girafes ?

NOIR

Non, justement. Un cousin m'a écrit, il n'y en a plus une seule !

RÉGIS

Vraiment ?

NOIR

Elles sont toutes ici…

RÉGIS, *à Slin.*

Alors, tu vois ?

Off. Le bruit du galop d'un troupeau. Le Noir crie.

NOIR

Les voilà ! Je vous dis qu'il y en a partout. Je ne peux pas rester. *(Il sort en courant.)*

Le bruit du galop s'amplifie. Le barman est affolé.

RÉGIS, *au barman.*

Écoute, petit père. On va te laisser tout seul. Il ne faut pas qu'elles aient l'impression que c'est un coup monté. Tu n'as qu'à faire comme on t'a dit. Ciao et à bientôt. Tiens-nous au courant.

Ils sortent après avoir fait un signe d'encouragement au barman. Celui-ci reste seul au milieu du bar.
Le bruit du galop s'arrête. On entend le bruit des pas faisant les derniers mètres.
La porte s'ouvre.
Long moment. Le visage du barman est en adoration extasiée.

NOIR

Le décor est le même que dans la première scène. Régis, Fed, Lapom, O'Cédar et Slin sont assis en demi-cercle, face au public. Ils ont l'air très abattus.

RÉGIS, *d'une voix morne.*

Eh bien, voilà… c'est fini.

LAPOM

Oui… et puis là, c'est bien fini.

O'CÉDAR

Où elle est, cette salope de Blanche-Neige ? Je voudrais bien trouver le con qui a lancé le bruit qu'elle existait.

FED

Si on le tenait, celui-là…

RÉGIS, *l'interrompant.*

À quelle heure, elles ont dit ?

LAPOM

Je me souviens pas exactement. J'crois que c'est vers midi. *(Ils regardent la pendule, il est midi moins le quart.)* Plus que quinze minutes. Et puis là, il n'y a rien à faire.

O'CÉDAR, *avec une subite lueur d'espoir.*

On pourrait se tirer ?

FED, *avec lassitude.*

Elles nous rattraperaient.

Slin, visiblement, ne comprend rien à la scène.

SLIN

Qui vous rattraperait ?

Les autres font comme s'ils n'avaient pas entendu la question.

LAPOM

Le plus grave n'est pas de crever de faim. Le plus important, c'est de rester libres. *(En ricanant.)* Je l'ai lu quelque part.

FED

J'te dis qu'elles nous rattraperaient.

SLIN, *de plus en plus ahuri.*

Et vous allez vous marier ?

Un long silence.

LAPOM

Oui, à deux heures…

SLIN

À deux heures ?… Quand ?

O'CÉDAR

Cet après-midi.

SLIN, *assommé.*

Cet après-midi ? Pourquoi ne m'en avez-vous pas parlé avant ?

LAPOM

C'était inutile, et puis… on voulait te faire connaître les girafes…

SLIN

Alors, votre histoire de girafes, c'est bidon ? Puisque vous vous mariez.

RÉGIS

Mais non, c'est pas bidon. Mais la girafe ne se donne qu'à celui qui la mérite. Nous, c'est venu trop tard…

SLIN

Mais alors, qu'est-ce que vous allez faire ?

FED, *avec un pauvre sourire.*

Eh bien, on va se marier…

RÉGIS

Plus que cinq minutes…

O'CÉDAR

Elles sont toujours à l'heure quand y faut pas et jamais quand y faut…

SLIN

Et vous êtes restés quatre ans fiancés ? Pourquoi ?

LAPOM

Parce qu'on pensait que Blanche-Neige allait bien finir par venir. Et puis, comme elle vient pas…

SLIN

Mais puisque vous ne les aimez pas, pourquoi vous mariez-vous ?

FED

On avait décidé que si Blanche-Neige venait, on se mettrait à travailler et que si elle venait pas, nous épouserions des filles qui auraient de l'argent pour qu'on ait rien à foutre, sinon penser aux girafes…

SLIN

Et elles ont beaucoup d'argent ?

O'CÉDAR

Le paquet, le gros paquet. Mais tu crois qu'on le paie pas cher, ce paquet ? Tu sais, quand les femmes se mettent à acheter, elles achètent tout.

SLIN

Comment elles sont ?

RÉGIS

Tu vas voir…

FED

L'amour, c'est acheter la conscience de quelqu'un.

LAPOM

Et plus on a de la conscience, plus on vaut cher.

SLIN

Mais c'est dégueulasse de vivre avec une femme pour son argent.

FED

C'est aussi dégueulasse que de ne pas pouvoir la faire vivre.

O'CÉDAR, *qui, depuis un moment, était à la fenêtre.*

Elles arrivent, en paquet.

FED

Eh bien, voilà…

LAPOM

On est arrivés…

Off. On entend des voix de femmes parlant chiffons. Eux sont complètement abattus. Ils attendent l'ouragan. Elles entrent. Elles sont quatre : Carole, Édith, Hélène, Monique. Elles rient, elles sont heureuses.

CAROLE. *C'est la fiancée de Lapom.*

Bonjour. *(Un temps. Les garçons n'ont aucune réaction.)* Eh bien. Vous en faites des têtes. C'est pourtant un beau jour, aujourd'hui.

LAPOM

Comme tu dis, c'est un beau jour…

CAROLE

Qu'a fait mon amour, aujourd'hui ?

LAPOM, *las.*

J'ai peigné la girafe…

CAROLE

Tu sais très bien que je n'aime pas ces plaisanteries.

LAPOM

Oui, je sais, je sais…

HÉLÈNE. *C'est la fiancée de Régis.*
Elle se penche vers lui.

Je suis heureuse d'avoir un bel homme comme toi comme époux… Je suis très fière.

RÉGIS

C'est toujours ça.

ÉDITH. *C'est la fiancée de Fed. À Slin.*

Et vous, vous allez rester tout seul ?

SLIN

Eh oui…

MONIQUE. *C'est la fiancée de O'Cédar.*

Il faudra que nous lui présentions une amie…

CAROLE, *faisant un sourire complice aux autres filles.*

Avec beaucoup d'argent. Bien sûr. Rassurez-vous… *(Les hommes se regardent par en dessous.)*

ÉDITH

Mais qu'est-ce que vous avez à faire ces têtes ? *(Elle sourit aux autres.)* On dirait que vous n'êtes pas heureux de vous marier…

ÉDITH, *complice avec les autres filles.*

Avec des petites femmes aussi adorables que nous…

RÉGIS, *sans conviction.*

On a pas l'air heureux ?

MONIQUE, *à O'Cédar.*

Qu'a fait mon poète, ces temps-ci ?

O'CÉDAR, *épuisé.*

Un poème, le dernier…

MONIQUE

Pas question. J'espère bien que, dès notre voyage de noces fini, tu vas te mettre à travailler. *(Tous les garçons se regardent atterrés.)*

O'CÉDAR, *effondré.*

À travailler ?

MONIQUE, *avec un demi-sourire.*

Rassure-toi. Quand je dis travailler, c'est écrire un roman. Papa t'aidera. Il te paiera la publicité. Tu sais, il connaît beaucoup de gens dans l'édition. Et le succès d'un livre dépend de la publicité.

O'CÉDAR

Écrire un livre ? Mais, j'ai rien à dire…

MONIQUE, *toujours complice des autres filles.*

Eh bien, tu écriras notre vie… *(Un temps, elle le regarde dans les yeux.)* … notre amour…

O'CÉDAR, *lointain.*

Ah bon…

HÉLÈNE, *à la ronde.*

Il n'est pas beau, mon futur mari ?

CAROLE

Si, mais attention. Si tu veux le garder, surveille-le bien.

HÉLÈNE

Oh ça, faites-moi confiance. Pas de danger que je le laisse se sauver. *(Elle se tourne vers Régis.)* Hein, mon chéri… *(Elle lui fait la bouche en cœur.)* Tu vas voir, tu seras comme un coq en pâte.

RÉGIS

Et les girafes ? Je peux pas les laisser les girafes…

HÉLÈNE

Quand auras-tu fini de parler de ces âneries…

FED, *à mi-voix.*

Ces giraferies…

Toutes les filles l'ont entendu. Elles regardent Fed, sûres de leur supériorité. Hélène continue.

HÉLÈNE

Tu sais très bien que je n'apprécie pas ce genre de plaisanterie. Je suis comme Carole.

RÉGIS

Ah oui, c'est vrai…

Tout à coup, off, le bruit d'un troupeau de girafes qui arrive et qui va passer devant la fenêtre. Les hommes profitent de ce que les femmes papotent pour se lever et, discrètement, aller à la fenêtre. Les femmes n'entendent rien, bien sûr.

CAROLE, *à la ronde.*

Quand j'étais petite, c'était déjà mon type… *(Elle montre Lapom.)* Comme quoi, on a toujours ce qu'on veut. Il suffit d'y mettre le temps…

HÉLÈNE, *finement.*

Et l'argent… *(Elles se regardent en souriant.)* Moi, lorsque j'ai présenté Régis à mes amies, en leur disant que nous allions nous marier, elles étaient toutes jalouses de moi…

ÉDITH. *Elle sourit.*

… et moins riches… Vous avez vu, sur le journal, cet écrivain qui a refusé les 10 millions du prix Nobel ?

MONIQUE, *avec une fausse émotion.*

Ah ! ces artistes…

Pendant ce temps-là, les hommes sont toujours à la fenêtre. Le bruit atteint son point culminant. Les femmes n'entendent toujours rien, mais s'étonnent de les voir à la fenêtre.

CAROLE

Qu'est-ce que vous faites encore, à la fenêtre ?

LAPOM, *sans se retourner, tristement.*

C'est un troupeau de girafes qui passe…

HÉLÈNE

Décidément, chère Carole, ton futur mari a toujours la plaisanterie aux lèvres. Quel poète…

Elles rient. Le bruit de galop diminue et s'éteint. Ils laissent retomber le rideau et reviennent vers le centre de la pièce.

ÉDITH

Alors, on y va ?

FED

Où ça ?

Elles rient.

ÉDITH

Mais à la mairie, mon chéri. Enfin, ce que tu peux être étourdi.

Elle rit.

FED

Ah oui… c'est vrai… à la mairie…

CAROLE, *autoritaire.*

Allez, en route… *(Elle regarde Slin.)* Eh bien, au revoir, Slin ! Quel drôle de nom… *(Vers Lapom.)* Alors, tu viens ?

LAPOM. *Il se lève lentement.*

Oui… bien sûr… *(Vers Slin.)* Eh bien, salut, petit père. Bonne chance…

Il sort lentement, les mains dans les poches.

HÉLÈNE

Eh bien, Régis, allez ouste, on va être en retard.

RÉGIS

Oui, on va être en retard… *(Il se retourne vers Slin et, tristement :)* Eh bien, qu'est-ce que tu veux que je te dise ? Salut. Moi, je vais me marier. *(Slin a un geste vers lui comme pour le retenir. Régis hoche la tête.)* Allez, va, c'est trop tard…

Il sort.

MONIQUE

Alors, mon poète, tu viens ?

O'CÉDAR, *avec lassitude.*

Oui… Commence pas à me cavaler. Et m'appelle pas ton poète !

MONIQUE, *durement.*

Comment tu veux que je t'appelle ?… Mon gigolo ?

O'Cédar se retourne brusquement. Il va comme pour lever la main mais son geste ne va pas jusqu'au bout.

O'CÉDAR

Si ça peut faire rire… *(À Slin.)* Méfie-toi des marchands de poisson.

Il sort rapidement. Monique a un sourire. Fed, lui, regarde un instant Slin dans les yeux, puis lui serre la main.
Il sort.
Pendant quelques secondes, on entend les femmes dans l'escalier qui recommencent leurs discussions. Puis c'est le silence. Slin reste au milieu de la scène. Il allume une cigarette. Il est triste. D'un seul coup, son visage s'illumine. Il se précipite au téléphone et compose un numéro.

SLIN

Allô… Allô… Je suis bien chez le barman Hervé ?

BARMAN, *la voix du barman est entendue du public.*

Oui… qui téléphone ?

SLIN

Slin. Vous vous rappelez ? Slin…

BARMAN

Oui, bien sûr. Comment allez-vous ?

SLIN

Oh, comme ça…

BARMAN

Moi, je suis très heureux. C'est à vous et à vos amis que je le dois.

SLIN

Comment… ?

BARMAN

Eh bien, oui. Vous savez, les girafes ? Eh bien, il y en a une qui est tombée amoureuse de moi. Elle est très belle et nous sommes très heureux…

SLIN, *après une légère hésitation.*

Justement, c'est à ce sujet que je vous téléphone…

BARMAN

À ce sujet ?

SLIN

Eh bien… oui… voilà… *(Un temps.)* Voilà, je voudrais savoir si votre girafe n'a pas une amie que vous pourriez me présenter…

BARMAN

Oh, je vois… Attendez un instant… Je vais le lui demander…

Chérie… *(On n'entend que le « Chérie ». Quelques secondes…)* Ma girafe dit qu'elle a une amie qui vous a vu une fois et à qui vous plaisez beaucoup. Elle est très belle et très douce… Venez à la maison ce soir… Elle sera là… Elle s'appelle Blanche-Neige…

Le 7 mars 1965.
NEW YORK.

Cet ouvrage a été achevé d'imprimer en Février 2009
dans les ateliers de Normandie Roto Impression s.a.s.
61250 Lonrai (Orne)
N° d'impression : 090671
N° d'édition : L. OI ELJN000258.N001
Dépôt légal : mars 2009

Imprimé en France